Top im Abi
Französisch

Schroedel / Fischer

Top im Abi
Französisch

Für Schülerinnen und Schüler
zur Vorbereitung auf das Abitur

Autorin: Catherine Gagnon

ISBN 3-507-23009-7

Druck 5 4 3 2 1 / Jahr 2009 2008 2007 2006 2005

Umschlaggestaltung: Janssen Kahlert Design & Kommunikation, Hannover
Gesamtherstellung: imprint, Zusmarshausen
Lektorat: Jürgen Pilottek
Illustrationen: www.mike-loos.de
Druck und Bindung: pva Landau

Vocabulaire

Grammaire

Civilisation

Textverständnis und Textanalyse

Übersetzung

Anhang

Vocabulaire

1 Thèmes

1.1 La politique

L'État	**der Staat**
le chef de l'État	das Staatsoberhaupt
le/la Président/e de la République	der/die Präsident/in der frz. Republik
le chancelier (allemand)	der (deutsche) Bundeskanzler
une république	eine Republik
un État fédéral	ein Bundesstaat
la constitution	die Verfassung

Le parlement	**das Parlament**
le gouvernement	die Regierung
l'Assemblée nationale	die frz. Nationalversammlung
un/une député/e	ein/e Abgeordnete/r
le Sénat	der Senat
un/une sénateur/sénatrice	ein/e Senator/in
un/une ministre	ein/e Minister/in
le Premier ministre	der Premierminister
un Ministre-président (en Allemagne)	ein Ministerpräsident
le/la ministre des Affaires étrangères	der/die Außenminister/in
le/la ministre de l'Intérieur	der/die Innenminister/in
le/la ministre des Finances	der/die Finanzminister/in
le/la ministre de l'Éducation nationale	der/die Kultusminister/in
le/la garde des Sceaux	der/die Justizminister/in

Le pouvoir	**die Macht, die Staatsgewalt**
la séparation des pouvoirs	die Gewaltenteilung
le pouvoir législatif	die gesetzgebende Gewalt

Vocabulaire

le pouvoir exécutif	die vollziehende Gewalt
le pouvoir judiciaire	die richterliche Gewalt
Un parti	**eine Partei**
un homme/une femme politique	ein/e Politiker/in
la gauche	die Linke
la droite	die Rechte
un parti conservateur	eine konservative Partei
le parti gaulliste	die gaullistische Partei
un parti libéral	eine liberale Partei
un parti chrétien-démocrate	eine christlich-demokratische Partei
un parti socialiste	eine sozialistische Partei
un parti communiste	eine kommunistische Partei
une opposition	eine Opposition
Une élection	**eine Wahl**
l'élection présidentielle	die Präsidentenwahl
être candidat à une élection	bei einer Wahl kandidieren
les élections législatives	die Parlamentswahl/en
les élections régionales	die Regionalwahl/en
les élections municipales	die Kommunalwahl/en
un vote	eine Abstimmung, eine Wahlstimme
exercer son droit de vote	sein Wahlrecht ausüben
le suffrage universel	die/das allgemeine Wahl(recht)
le suffrage indirect	die/das indirekte Wahl(recht)
un tour de scrutin	ein Wahlgang
élire qn.	jdn. wählen
voter pour qn.	für jdn. stimmen
Une loi	**ein Gesetz**
un projet de loi	ein Gesetzentwurf
adopter une loi	ein Gesetz annehmen
promulguer une loi	ein Gesetz verkünden
abroger, abolir une loi	ein Gesetz aufheben

amender une loi .... ein Gesetz ändern

La politique étrangère .... **die Außenpolitik**

les relations internationales ..... die internationalen Beziehungen
l'Union européenne (UE) .... die Europäische Union (EU)
l'ONU (Organisation des Nations Unies) .... UN (die Vereinten Nationen)
l'OTAN (Organisation du traité de l'Atlantique Nord) .... NATO (das nordatlantische Verteidigungsbündnis)
le Parlement européen .... das europäische Parlament
le Conseil de l'Europe .... der Europarat
une rencontre au sommet .... ein Gipfeltreffen
la coopération .... die Zusammenarbeit
un accord .... ein Abkommen
conclure un accord .... ein Abkommen schließen
un traité .... ein Vertrag
signer un traité .... einen Vertrag unterzeichnen
ratifier un traité .... einen Vertrag ratifizieren

La paix .... **der Frieden**

la guerre .... der Krieg
les forces armées .... die Streitkräfte
le service militaire (obligatoire) die Wehrpflicht
le service civil .... der Zivildienst
l'armement *(m.)* .... die Rüstung, die Waffen
le désarmement .... die Abrüstung
une arme .... eine Waffe
une arme conventionnelle .... eine konventionelle Waffe
une arme chimique .... eine chemische Waffe
une arme nucléaire .... eine Atom-, Nuklearwaffe
les armes de destruction massive . die Massenvernichtungswaffen
le terrorisme .... der Terrorismus
un attentat-suicide .... ein Selbstmordanschlag
une menace .... eine Bedrohung
les hostilités .... die Feindseligkeiten

une intervention	eine Intervention, ein Eingreifen
une invasion	eine Invasion
envahir	überfallen
attaquer	angreifen
le crime de guerre	das Kriegsverbrechen

1.2 La société

La famille	**die Familie**
être célibataire	ledig sein
se marier avec/épouser qn.	jdn. heiraten
se séparer de qn.	sich von jdm. trennen
divorcer de qn.	sich von jdm. scheiden lassen
un/une veuf, veuve	ein/e Witwe/r, verwitwet
vivre en concubinage/ en union libre	in eheähnlicher Gemeinschaft leben
fonder une famille	eine Familie gründen
un parent seul *(qui élève seul son enfant)*	ein/e Alleinerziehende/r
une famille monoparentale	eine Einelternfamilie
une famille éclatée	eine voneinander getrennte Familie
la pension alimentaire	die Unterhaltszahlung
le droit de garde	das Sorgerecht
une famille recomposée	eine neu gebildete Familie
un beau-père	ein Stief-/Schwiegervater
une belle-mère	eine Stief-/Schwiegermutter
un beau-fils	ein Stief-/Schwiegersohn
une belle-fille	eine Stief-/Schwiegertochter
un demi-frère	ein Halbbruder
une demi-sœur	eine Halbschwester

Groupes sociaux et conditions de vie .... soziale Gruppen und Lebensumstände

la population .... die Bevölkerung
la population active .... die erwerbstätige Bevölkerung
un niveau de vie .... ein Lebensstandard
une couche sociale .... eine Gesellschaftsschicht
être issu des couches populaires aus einfachen Verhältnissen stammen
la classe ouvrière .... die Arbeiterklasse
les classes moyennes .... die Mittelschicht
un milieu .... ein Milieu, eine Schicht
venir d'un milieu aisé .... aus einem wohlhabenden Milieu stammen
privilégié .... privilegiert, bevorzugt
riche .... reich
la richesse .... der Reichtum
la fortune .... das Vermögen
venir d'un milieu défavorisé ..... aus einem unterprivilegierten Milieu stammen
précaire .... unsicher
être dans une situation précaire in materieller Unsicherheit leben
démuni/e .... mittellos
les démunis .... die Bedürftigen, die Armen
pauvre .... arm
la pauvreté .... die Armut
vivre dans la pauvreté .... in Armut leben
en dessous du seuil de pauvreté unterhalb der Armutsgrenze
la misère .... die Not, das Elend
tomber dans la misère .... in Armut geraten
le RMI (revenu minimum d'insertion) .... das Mindesteinkommen
un/une Remiste .... ein/e Mindestlohnempfänger/in
l'aide sociale .... die Sozialhilfe
un/e SDF (sans domicile fixe)/ un/e sans-abri .... ein/e Obdachlose/r

un/une mendiant/e	ein/e Bettler/in
mendier	betteln
la fracture sociale	die soziale Kluft
le quart-monde	die Armen, die vierte Welt

Le crime et la justice	**Verbrechen und Justiz**
une loi	ein Gesetz
respecter une loi	ein Gesetz achten
violer une loi	ein Gesetz brechen
poursuivre qn. en justice	jdn. verklagen
accuser qn. de qch.	jdn. einer Sache beschuldigen
un/une juge	ein/e Richter/in
un/e avocat/e (de la défense)	ein/e Rechtsanwalt/-anwältin
le procureur	der/die Staatsanwalt/-anwältin
le jury	die Geschworenen
coupable	schuldig
être coupable de qch.	einer Sache schuldig sein
innocent/e	unschuldig
être reconnu innocent/e	für unschuldig erklärt werden
acquitter qn.	jdn. freisprechen
condamner qn. à qch..	jdn. zu etw. verurteilen
faire de la prison	im Gefängnis einsitzen
la réclusion à perpétuité	lebenslängliche Freiheitsstrafe
libérer qn.	jdn. freilassen
avec sursis	auf Bewährung
les forces de l'ordre	die Ordnungskräfte
commettre un crime	ein Verbrechen begehen
la délinquance juvénile	die Jugendkriminalität
un/une délinquant/e	ein/e Straftäter/in
un/une récidiviste	ein/e Rückfalltäter/in
soupçonner qn. de qch.	jdn. einer Sache verdächtigen
un délit	eine Straftat
un meurtre	ein Mord
un viol	eine Vergewaltigung
un vol	ein Diebstahl

un vol à main armée .... ein bewaffneter Raub(überfall)
une arme à feu .... eine Schusswaffe
les armes blanches .... Hieb-, Stich-, und Stoßwaffen
une agression .... ein Überfall
le vandalisme .... der Vandalismus
la dégradation de locaux .... die Beschädigung von Gebäuden
une bagarre .... eine Prügelei
se battre .... sich prügeln
le trafic de drogues .... der Drogenhandel
un/une trafiquant/e .... ein/e Drogenhändler/in

L'immigration .... **Einwanderung**
un/e étranger, -ère .... ein/e Ausländer/in
une origine .... eine Herkunft
une minorité .... eine Minderheit
la double nationalité .... die Doppelstaatsangehörigkeit
un/une immigré/e .... ein/e Einwanderer/Einwanderin
un travailleur immigré .... ein Gastarbeiter (ausländischer Arbeitnehmer
une carte de séjour .... eine Aufenthaltserlaubnis
un permis de travail .... eine Arbeitserlaubnis
s'intégrer .... sich integrieren
la naturalisation .... die Einbürgerung
se faire naturaliser .... sich einbürgen lassen
un/une réfugié/e .... ein/e Flüchtling/e
un asile politique .... ein politisches Asyl
un/une clandestin/e .... ein/e illegale/r Einwanderer/Einwanderin
un/une sans-papiers .... ein/e illegale/r Einwanderer/Einwanderin
la tolérance .... die Toleranz
le préjugé .... das Vorurteil
la discrimination .... die Diskriminierung
le racisme .... der Rassismus
la xénophobie .... die Fremdenfeindlichkeit
xénophobe .... fremdenfeindlich

1.3 L'éducation

l'enseignement *(m.)*	der Unterricht, der Schuldienst
enseigner qch. à qn.	jdn. in etw. unterrichten
un/une enseignant/e	ein/e Lehrer/in, eine Lehrkraft
le jardin d'enfants	der Kindergarten
l'école maternelle	der Kindergarten, die Vorschule
l'enseignement primaire	(Unterricht in der) Grundschule
l'école primaire	die Grundschule
une école publique	eine staatliche Schule
une école privée	eine private Schule
le cours préparatoire (CP)	die 1. Klasse
le cours élémentaire (CE)	die 2. und 3. Klasse
le cours moyen (CM)	die 4. und 5. Klasse
un professeur	ein/e Lehrer/in, ein/e Professor/in
un/une élève	ein/e Schüler/in
une classe	eine Klasse
avoir classe	Unterricht/Schule haben
l'enseignement secondaire	(Unterricht im) Sekundarbereich
le collège	4-klassige Schule der Sekundarstufe, etwa Gesamtschule
le lycée	das Gymnasium
un/une lycéen/ne	ein/e Gymnasiast/in
le baccalauréat, le bac *(fam.)*	das Abitur
passer le bac	das Abitur ablegen
avoir le bac *(fam.)*	das Abitur haben
rater le bac *(fam.)*	im Abitur durchfallen
réussir un examen/ être reçu à un examen	eine Prüfung bestehen
échouer à un examen/être collé à un examen *(fam.)*	in einer Prüfung durchfallen
une matière	ein Fach
les mathématiques, les maths *(f. fam.)*	Mathe(matik)

une langue vivante étrangère	eine moderne Fremdsprache
l'histoire *(f.)*	die Geschichte
les sciences naturelles	die Naturwissenschaften
la chimie	die Chemie
la physique	die Physik
l'éducation artistique	die Kunsterziehung
l'éducation physique (et sportive)	der Sportunterricht
le bulletin scolaire	das Zeugnis
un résultat	ein Ergebnis
une note	eine Note, ein Zeugnis
les devoirs *(m. pl.)*	die Hausaufgabe
aller en études/permanence	Schulaufgaben unter Aufsicht erledigen
faire l'école buissonnière	die Schule schwänzen
tricher	(be)schummeln
la retenue	der Arrest
une (heure de) colle *(fam.)*	(eine Stunde) Arrest
l'enseignement supérieur	das Hochschulwesen
l'université *(f.)*	die Universität
la faculté, la fac *(fam.)*	die Fakultät, die Uni
la faculté des lettres	die philosophische Fakultät
la faculté de médecine	die medizinische Fakultät
la faculté de droit	die juristische Fakultät
la faculté des sciences	die naturwissenschaftliche Fakultät
les sciences humaines	die Geisteswissenschaften
les sciences naturelles	die Naturwissenschaften
les sciences économiques	die Wirtschaftswissenschaft
les sciences politiques	die Politikwissenschaft
s'inscrire à l'université	sich an der Uni einschreiben
s'inscrire à un cours	sich für einen Kurs anmelden
une grande école	eine Elitehochschule
le DEUG/Diplôme d'Etudes Universitaires Générales	Abschlussdiplom nach zwei Studienjahren

la licence	ein Studienjahr nach dem DEUG
la maîtrise	Magisterprüfung (zwei Studienjahre nach dem DEUG)

1.4 Le marché du travail

un emploi	eine Beschäftigung
l'ANPE (l'Agence nationale pour l'emploi)	das französische Arbeitsamt
une offre d'emploi	ein Stellenangebot
un/e employeur/-euse	ein/e Arbeitgeber/in
un/une candidat/e	ein/e Bewerber/in
poser sa candidature à	sich bewerben um
un curriculum vitae (un CV)	ein Lebenslauf
embaucher qn.	jdn. einstellen
gagner sa vie	seinen Lebensunterhalt verdienen
un salaire	ein Gehalt, ein Lohn
être ... de profession	von Beruf ... sein
un chef d'entreprise	ein Firmenchef
un cadre supérieur	eine obere Führungskraft
un cadre moyen	eine mittlere Führungskraft
un/une employé/e	ein/e Angestellte/r
un/e ouvrier/-ère	ein/e Arbeiter/in
un/une salarié/e	ein/e Arbeitnehmer/in
un/e fonctionnaire	ein Beamter, eine Beamtin
travailler à plein temps	Vollzeit/ganztags arbeiten
travailler à temps partiel	Teilzeit arbeiten
travailler à son compte/ en free-lance	freiberuflich tätig sein
le partage du travail	die Arbeitsplatzteilung
la réduction du temps de travail	die Arbeitszeitverkürzung
un CDD (contrat à durée déterminée)	ein befristeter Arbeitsvertrag
un CDI (contrat à durée indéterminée)	ein unbefristeter Arbeitsvertrag

un jour ouvrable	ein Werktag
un jour férié	ein Feiertag
le congé	der Urlaub
le marché du travail	der Arbeitsmarkt
les débouchés *(m. pl.)*	die Berufsaussichten
le SMIC (salaire minimum interprofessionnel de croissance)	dynamischer Mindestlohn
être payé au SMIC	den Mindenstlohn erhalten
le licenciement	die Entlassung
licencier qn.	jdn. entlassen
le chômage	die Arbeitslosigkeit
être sans emploi	arbeitslos sein
un/e chômeur/-euse	ein/e Arbeitslose/r
l'allocation de chômage *(f.)*	das Arbeitslosengeld
les prestations sociales	die Sozialleistungen
les partenaires sociaux	die Sozialpartner
la direction	die Unternehmensleitung
le personnel	die Belegschaft
le patronat	die Arbeitgeberschaft
un syndicat	eine Gewerkschaft
les conditions de travail *(f. pl.)*	die Arbeitsbedingungen
revendiquer qch.	etw. fordern
un conflit social	ein Arbeitskampf
faire la (être en) grêve	streiken
négocier	verhandeln
une convention collective	ein Tarifvertrag
un accord	eine Vereinbarung

1.5 L'environnement

la pollution de l'environnement	die Umweltverschmutzung
la pollution de l'air/de l'eau/ du sol	die Luft-/Wasser-/ Bodenverschmutzung
la protection de l'environnement	der Umweltschutz
la couche d'ozone	die Ozonschicht
l'effet de serre *(m.)*	der Treibhauseffekt
les déchets *(m. pl.)*	der Müll, der Abfall
les déchets nucléaires	der Atommüll
une décharge (publique)	eine Mülldeponie
la marée noire	die Ölpest
le gaz carbonique	das Kohlendioxid
les changements climatiques *(m. pl.)*	die Klimaveränderungen
le réchauffement de la terre	die Erwärmung der Erde
la pluie acide	der saure Regen
une espèce en voie de disparition	eine vom Aussterben bedrohte Art
l'écologie *(f.)*	der Umweltschutz
gaspiller qch.	etw. verschwenden
non polluant	umweltfreundlich
un emballage	eine Verpackung
une bouteille consignée	eine Mehrwegflasche
recycler qch.	etw. wiederverwerten
recyclable	wieder verwertbar
le papier recyclé	das Recyclingpapier
le compostage	die Kompostierung
une déchetterie	eine Müllsammelstelle
biodégradable	biologisch abbaubar
l'essence sans-plomb *(f.)*	das bleifreie Benzin
les ressources naturelles	die natürlichen Ressourcen
l'énergie *(f.)*	die Energie
l'énergie nucléaire	die Kern-/Atomenergie
l'énergie solaire	die Solarenergie

l'énergie éolienne	die Windenergie
les énergies douces/ renouvelables	die alternativen/erneuerbaren Energien
le gaz naturel	das Erdgas
la catastrophe naturelle	die Naturkatastrophe
un sinistre	eine Katastrophe
un tremblement de terre	ein Erdbeben
une éruption volcanique	ein Vulkanausbruch
une tornade	ein Wirbelsturm, Tornado
un ouragan	ein Orkan
une inondation	eine Überschwemmung
un raz-de-marée	eine Flutwelle
une sécheresse	eine Dürre
la famine	die Hungersnot
un incendie	ein Feuer, ein Brand
dévaster	verwüsten
une victime	ein Opfer
les dégâts matériels	der Sachschaden
une équipe de sauvetage	eine Rettungsmanschaft
la Croix-Rouge	das Rote Kreuz

1.6 La religion

les convictions religieuses	die religiösen Überzeugungen
la liberté de culte	die Religionsfreiheit
un/une croyant/e	ein/e Gläubige/r
croire à qn./qch.	an jdn./etw. glauben
croire en Dieu	an Gott glauben
avoir la foi	gläubig sein
prier	beten
le christianisme	das Christentum
un/une chrétien/ne	christlich, ein/e Christ/in
un/une catholique	katholisch, ein/e Katholik/in
un/une protestant/e	protestantisch/evangelisch, ein/e Protestant/in

l'islam *(m.)* .... der Islam
islamique .... islamisch
les intégristes islamiques .... die islamischen Fundamentalisten
un/une musulman/e .... ein/e Muslim/e
le judaïsme .... das Judentum
un/une Juif/-ve .... jüdisch, ein/e Jude/Jüdin
un Témoin de Jéhovah .... ein/e Zeuge/-in Jehovas
l'hindouisme *(m.)* .... der Hinduismus
le bouddisme .... der Buddhismus
se convertir à .... zu einem Glauben übertreten
oecuménique .... ökumenisch
la laïcité .... die Bekenntnisneutralität (Trennung von Kirche und Staat)
laïque .... bekenntnisneutral
un/une athée .... atheistisch, ein/e Atheist/in
l'instruction religieuse .... der Religionsunterricht
l'Église *(f.)* .... die Kirche (als Institution)
le pape .... der Papst
un prêtre .... ein Priester
un curé .... ein (katholischer) Pfarrer
un pasteur .... ein/e (evangelische/r) Pfarrer/in
une église .... eine Kirche
un temple .... eine (evangelische) Kirche
aller à la messe .... zur Messe gehen
une synagogue .... eine Synagoge
une mosquée .... eine Moschee

1.7 La santé

une maladie .... eine Krankheit
attraper une maladie .... sich eine Krankheit zuziehen
être en congé de maladie .... krankgeschrieben sein
une maladie grave .... eine schwere Krankheit
une maladie contagieuse .... eine ansteckende Krankheit
une maladie cardiaque .... eine Herzkrankheit

un infarctus	ein Herzinfarkt
une maladie mentale	eine Geisteskrankheit
une maladie incurable	eine unheilbare Krankheit
une maladie héréditaire	eine Erbkrankheit
le cancer	(der) Krebs
le sida/Syndrome Immuno-Déficitaire Acquis	Aids
la pneumonie atypique/SRAS (Syndrome Respiratoire Aigu Sévère)	SARS
un handicap physique/mental	eine körperliche/geistige Behinderung
la Sécurité sociale	die staatliche Sozial- und Krankenversicherung
le SAMU (Service d'aide médicale d'urgence)	der Notarzt
un CHU/Centre Hospitalier Universitaire	ein Universitätsklinikum
diagnostiquer une maladie	eine Krankheit diagnostizieren
guérir de qch.	von etw. genesen
guérir qn. de qch.	jdn. von etw. heilen
une transplantation/une greffe	eine (Organ-)Transplantation
un/e donneur/-euse	ein/e (Organ-)Spender/in
un/e receveur/-euse	ein/e (Organ-)Empfänger/in
la chimiothérapie	die Chemotherapie
la radiothérapie	die Strahlentherapie
un vaccin	eine Impfung
la bioéthique	die Bioethik
la fécondation artificelle/in vitro	die künstliche Befruchtung
l'avortement *(m.)*/l'IVG *(f.)* (interruption volontaire de grossesse)	die Abtreibung
la recherche sur les embryons	die Embryonenforschung

une cellule souche .... eine Stammzelle
la manipulation génétique .... die Genmanipulation
le clonage .... das Klonen
un abus .... ein Missbrauch *(m.)*
abuser de qch. .... etw. missbrauchen

1.8 Les médias

la presse .... die Presse
la liberté de la presse .... die Pressefreiheit
un/une journaliste .... ein/e Journalist/in
un journal .... eine Zeitung
un journal d'information .... ein Informationsblatt
un journal à sensation/à scandale eine Boulevardzeitung
paraître .... erscheinen
(un) quotidien .... täglich, eine Tageszeitung
un hebdomadaire .... eine Wochenzeitung/-zeitschrift
une revue .... eine Zeitschrift
une nouvelle .... eine Nachricht
un reporter .... ein/e Reporter/in
une femme-reporter
un/e rédacteur/-trice en chef .... ein/e Chefredakteur/in
la une .... die Titelseite
une manchette/un gros titre ..... eine Schlagzeile
un éditorial .... ein Leitartikel
les petites annonces .... die Kleinanzeigen
le courrier des lecteurs .... die Leserbriefe
un tirage .... eine Auflage
s'abonner à un journal .... eine Zeitung abonnieren
la radio .... der Rundfunk, das Rundfunkgerät

la télévision .... **das Fernsehen, das Fernsehgerät**

une chaîne .... ein Programm, ein Fernsehkanal
diffuser .... senden
une antenne parabolique .... eine Parabolantenne

la télévision numérique .... das Digitalfernsehen
une émission .... eine Sendung
une émission de variété(s) .... eine Unterhaltungssendung
les infos *(f. pl.)* .... die Nachrichten
un journal télévisé .... eine Nachrichtensendung
les sports *(m.)* .... *hier:* eine Sportsendung
un documentaire .... ein Dokumentarfilm
une pub(licité) .... eine Werbung
la météo .... der Wetterbericht
un téléfilm .... ein Fernsehfilm
une série .... eine Serie
un jeu télévisé .... eine Quizsendung
un débat télévisé .... eine Talkshow
un/e présentateur/-trice .... ein/e Sprecher/in, ein/e Moderator/in
les heures de grande écoute *(f. pl.)* die Haupteinschaltzeit
l'audimat *(m.)* .... die Einschaltquote
zapper .... zappen
une télécommande .... eine Fernbedienung
allumer/éteindre .... einschalten/ausschalten
un/e auditeur/-trice .... ein/e Hörer/in
un/e téléspectateur/-trice .... ein/e Zuschauer/in
un lecteur de DVD .... ein DVD-Player

l'ordinateur *(m.)* .... **der Computer**
un clavier .... eine Tastatur
un écran .... ein Bildschirm
une imprimante .... ein Drucker
une souris .... eine Maus
cliquer sur qch. .... (mit der Maus) auf etw. klicken
l'autoroute de l'information *(f.)* .. die Datenautobahn
le cyberespace .... der Cyberspace
l'Internet *(m.)* .... das Internet
avoir accès à Internet .... Zugang zum Internet haben
chercher sur Internet .... das Internet durchsuchen

visiter un site Internet	eine Webseite besuchen
naviguer/surfer sur Internet	im Internet surfen
un/une internaute	ein/e Internet-Surfer/in
un navigateur	ein Browser
une page d'acceuil	eine Homepage
un lien	ein Link
les services en ligne *(m.)*	die Online-Dienste
un courrier électronique/ un mél, un e-mail	eine E-Mail
l'arobas *(m.)*	das @-Zeichen
un fichier joint	eine (E-Mail)-Anlage
chatter/bavarder	chatten
un virus	ein Computervirus
un logiciel pare-feu	eine Firewall
la fraude sur Internet	Betrug im Internet

1.9 La culture

la peinture	**die Malerei**
peindre	malen
un/e peintre	ein/e Maler/in
un/e artiste	ein/e Künstler/in
un tableau	ein Gemälde
une exposition	eine Ausstellung
l'art figuratif	die gegenständliche Kunst
l'art abstrait	die abstrakte Kunst
l'art nouveau	der Jugendstil

la sculpture	**die Bildhauerei, die Skulptur**
sculpter	(aus)hauen/(aus)meißeln (Stein) schnitzen (Holz)
un sculpteur	ein/e Bildhauer/in
un sculpteur sur bois	ein/e Holzschnitzer/in
un buste	eine Büste
une statue de marbre/ de bronze	eine Marmorstatue/ eine Bronzestatue

la musique	**die Musik**
(un/e) musicien/ne	musikalisch, ein/e Musiker/in
un/e compositeur/-trice	ein/e Komponist/in
un chef d'orchestre/ une femme chef d'orchestre	ein/e Dirigent/in
le cinéma	**das Kino**
un/e cinéphile	ein/e Kinofreund/in
un court métrage	ein Kurzfilm
un documentaire	ein Dokumentarfilm
un long métrage	ein Spielfilm
un film d'action	ein Actionfilm
un film d'amour	ein Liebesfilm
un film de cape et d'épée	ein Mantel- und Degenfilm
un film policier/polar *(fam.)*	ein Krimi
un film de science-fiction	ein Science-Fictionfilm
un film d'horreur	ein Horrorfilm
un/e acteur/-trice	ein/e Schauspieler/in
une vedette	ein (Film-)Star
un/e réalisateur/-trice	ein/e Regisseur/in
une séance	eine (Kino-)vorstellung
un scénario	ein Drehbuch
une bande sonore	eine Filmmusik
un film en version originale (VO)	ein Film in Originalfassung
sous-titré	mit Untertiteln
en version française	in französischer Fassung
doubler un film	einen Film synchronisieren
le théâtre	**das Theater**
une pièce	ein Theaterstück
une comédie	eine Komödie
une tragédie	eine Tragödie
un chef-d'œuvre *pl.:* des chefs-d'œuvre	ein Meisterstück
un/e dramaturge	ein/e Dramatiker/in

un metteur en scène	ein/e (Theater-)Regisseur/in
une mise en scène	eine Inszenierung
un/e comédien/ne	ein/e (Theater-)Schauspieler/in
une troupe	ein Theaterensemble
jouer un rôle	eine Rolle spielen
un/e *héros/héroïne	ein/e Held/in
l'action *(f.)*	die Handlung
le dénouement	die Lösung, der Ausgang
un/e spectateur/-trice	ein/e Zuschauer/in
une scène	eine Bühne
les décors *(m.)*	das Bühnenbild
une répétition	eine Probe
une représentation	eine Aufführung
une première	eine Premiere
la littérature	**die Literatur**
un genre littéraire	eine Literaturgattung
un roman	ein Roman
un roman policier/polar *(fam.)*	ein Krimi
un roman à l'eau de rose	ein sentimentaler Roman
une nouvelle	eine Kurzgeschichte
un conte	ein Märchen
un essai	ein Essay
un poème	ein Gedicht
la prose	die Prosa
la poésie	die Dichtung
un/e écrivain/femme écrivain	ein/e Schriftsteller/in
un/e auteur/e	ein/e Autor/in
le récit	die Erzählung
un/e narrateur/-trice	ein/e Erzähler/in

1.10 Les loisirs

les loisirs *(m.)*	die Freizeit
se détendre	sich entspannen

un hobby/ un passe-temps	ein Hobby
un violon d'Ingres	ein Steckenpferd, ein Hobby
se consacrer à qch.	sich einer Sache widmen
s'intéresser à qch.	sich für etw. interessieren
les travaux manuels	die Handarbeit
la couture	das Nähen
le tricot	das Stricken
la broderie	die Stickerei
la poterie	das Töpfern
le bricolage	das Basteln
les activités de plein air *(f.)*	die Aktivitäten im Freien
le jardinage	die Gartenarbeit
la pêche (à la ligne)	das Fischen (das Angeln)
la chasse	die Jagd
l'observation des oiseaux *(f.)*	die Vogelbeobachtung
le sport	**der Sport**
faire du sport	Sport treiben
faire du/de la/de l'	eine (gewisse) Sportart treiben
la randonnée	das Wandern
l'escalade *(f.)*	das Klettern
le cyclisme	das Radfahren
l'équitation *(f.)*	das Reiten
le ski de fond	der Skilanglauf
le ski alpin	das (Alpin)Skifahren
le surf des neiges	das Snowboardfahren
le patin à glace	das Schlittschuhlaufen
le patin à roulettes/ à roues allignées (roller)	das Rollschuhlaufen/ das Inlineskaten
la natation	das Schwimmen
la voile	das Segeln
la planche à voile	das Windsurfen
la plongée sous-marine	das Gerätetauchen
le deltaplane	das Drachenfliegen

l'athlétisme *(m.)*	die Leichtathletik
la gymnastique	das Turnen
la course	das Rennen
jouer à qch.	etw. spielen
le foot(ball)	der Fußball
le volley(ball)	der Volleyball
le basket(ball)	der Basketball
un match	ein Wettspiel, eine Partie
une compétition	ein Wettbewerb
un championnat	eine Meisterschaft
un/e athlète/ un/e sportif/-ive	ein/e Sportler/in
un entraîneur	ein Trainer
un arbitre	ein/e Schiedsrichter/in
un vainqueur	ein/e Sieger/in
un terrain de sport	ein Sportplatz
un stade	ein Stadion
un terrain de foot	ein Fußballplatz
un court de tennis	ein Tennisplatz
une piscine	ein Schimmbad
un gymnase	eine Turnhalle
voyager	**reisen**
une destination	ein Reiseziel
une station balnéaire	ein Badeort
faire un voyage organisé	eine Pauschalreise machen
une agence de voyage	ein Reisebüro
un syndicat d'initiative/ un office de tourisme	ein Fremdenverkehrsamt
réserver qch.	etw. buchen, etw. reservieren
une auberge	ein Gasthaus
une auberge de jeunesse	eine Jugendherberge
un appartement de vacances	eine Ferienwohnung
un terrain de camping	ein Zeltplatz
un gîte rural	ein Ferienquartier auf dem Land

un séjour	ein Aufenthalt
séjourner	sich aufhalten
faire une excursion	einen Ausflug machen
faire une randonnée	eine Wanderung machen
visiter qch.	etw. besichtigen
une visite guidée	eine Führung
un/e guide	ein/e Fremden-/Reiseführer/in
les curiosités touristiques *(f. pl.)*	die Sehenswürdigkeiten
les documents de voyage *(m. pl.)*	die Reiseunterlagen
une pièce d'identité	ein (Personal-)Ausweis
un passeport	ein Pass
un visa	ein Visum
en règle	in Ordnung
valable	gültig
être périmé/e	abgelaufen sein

1.11 Les gens

l'aspect physique *(m.)*	**die äußere Erscheinung**
la taille	die Körpergröße
être de petite taille	klein sein
mince	schlank, dünn
frêle	zierlich, schwächlich
maigre	mager
rondelet/-ette	rundlich
grassouillet/-ette	mollig
corpulent/e	korpulent
avoir de l'embonpoint	korpulent sein
large d'épaules/ de forte carrure	breitschultrig
trapu	stämmig, gedrungen
avoir de l'allure	vornehm aussehen
avoir de la classe	flott/schneidig sein
attirant/e, séduisant/e	attraktiv
élégant/e, chic	elegant, schick

sans charme	unattraktiv
laid/e	hässlich
moche	scheußlich
un visage	ein Gesicht
un visage boursouflé	ein aufgedunsenes Gesicht
avoir le teint frais/blême	eine frische/bleiche Gesichtsfarbe haben
avoir les yeux bleux/verts	blaue/grüne Augen haben
avoir les yeux cernés	dunkle Ringe unter den Augen haben
une ride	eine Falte
avoir le visage ridé	ein runzliges Gesicht haben
avoir les cheveux blonds/roux	blonde/rote Haare haben
châtain	(kastanien)braun, hellbraun
foncé/e	dunkel
clair/e	hell
être chauve	kahlköpfig sein
la personnalité	**die Persönlichkeit**
le tempérament/le caractère	das Temperament, das Wesen
tolérant/e ≠ intolérant/e	duldsam ≠ unduldsam
juste ≠ injuste	fair ≠ unfair
patient/e ≠ impatient/e	geduldig ≠ ungeduldig
poli/e ≠ impoli/e	höflich ≠ unhöflich
responsable ≠ irresponsable	verantwortungsbewusst ≠ veranwortungslos
content/e ≠ mécontent/e	zufrieden ≠ unzufrieden
honnête ≠ malhonnête	ehrlich ≠ unehrlich
sincère ≠ hypocrite	aufrichtig ≠ unaufrichtig
sympathique ≠ antipathique	sympatisch ≠ unsympatisch
digne de confiance ≠ peu fiable	zuverlässig ≠ unzuverlässig
prévenant/e, attentionné/e ≠ sans égards pour les autres	rücksichtsvoll ≠ rücksichtslos
conservateur/-trice	konservativ
moderne, progressiste	modern, progressiv

large d'esprit ≠ borné/e .... tolerant ≠ engstirnig
généreux/-euse .... großzügig
avare, pingre, radin *(fam.)* ...... geizig, knauserig
désinvolte ≠ tatillon/ne .... lässig ≠ pingelig, kleinlich, empfindlich
optimiste ≠ pessimiste .... optimistisch ≠ pessimistisch
gai/e ≠ morose .... gut gelaunt ≠ trübsinnig
interéssant/e ≠ ennuyeux/-se ... interessant ≠ langweilig
courageux/-se ≠ lâche .... mutig ≠ feige
calme ≠ agité .... ruhig ≠ aufgeregt
respectueux/-se ≠ insolent/e .... respektvoll ≠ frech
modeste ≠ vaniteux/-se .... bescheiden ≠ eingebildet

Checkliste: Wortschatz

Zu diesen Themenbereichen 20 Wörter spontan zu finden und dazu kurz mündlich oder schriftlich etwas zu sagen, darf kein Problem sein:

- ☐ la politique
- ☐ la société
- ☐ l'éducation
- ☐ le marché du travail
- ☐ l'environnement
- ☐ la religion
- ☐ la santé
- ☐ la culture
- ☐ les médias
- ☐ les loisirs
- ☐ les gens

2 Les faux amis

Ce n'est un secret pour personne que le français a largement influencér la langue allemande et que Frédérique le Grand, pour ne nommer que lui, préférait la langue de Molière à la sienne. Il n'est donc pas étonnant que le vocabulaire allemand soit truffé de mots empruntés directement au français. Ce qui peut parfois paraître utile lorsque vient le temps de comprendre un texte ou de s'entretenir avec un locuteur francophone peut aussi s'avérer être un piège. En effet, bon nombre de ces mots français ont pris un tout autre sens dans leur langue d'adoption. C'est-à-dire que l'on retrouve en français et en allemand le même mot (avec une orthographe quelquefois légèrement modifiée), mais que la signification n'est pas la même.

F	**⇒ D**	**faux ami (D)**	**⇒ F**
un aliment	ein Nahrungsmittel	die Alimente	la pension alimentaire
une ambulance	ein Krankenwagen	eine Ambulanz	un hôpital d'un jour
un antiquaire	ein/e Antiquitätenhändler/in	ein/e Antiquar/in	un/e bouquiniste
un appartement	eine Wohnung	ein Apartement	un studio
un/e artiste	ein/e Künstler/in	ein/e Artist/in	un/e acrobate
un baiser	ein Kuss	ein Baiser (Gebäck)	une meringue
une batterie	eine Autobatterie	eine Batterie	une pile
un biscuit	ein Keks	ein Biskuit	une génoise
une blouse	ein (Arbeits-) Kittel	eine Bluse	un chemisier
brave	mutig	brav	sage
un café	eine Kneipe, eine Bar	ein Café	un salon de thé
un clavier	eine Tastatur	ein Klavier	un piano
un coffre	ein Kofferraum, eine Truhe	ein Koffer	une valise

F ⇒	D	faux ami (D) ⇒	F
un compas	ein Zirkel, ein Kompass (für die Navigation)	ein Kompass	une boussole
un concours	ein Wettbewerb	ein Konkurs, eine Pleite	une faillite
un costume	ein (Herren-) Anzug	ein Kostüm	un tailleur
un couvert	ein Gedeck, ein Besteck	ein (Brief-) Kuvert	une enveloppe
une démonstration	ein Beweis, eine Vorführung	eine Demonstration	une manifestation
une dose	eine Dosis	eine Dose	une boîte
une endive	eine Chicorée	eine Endivie	une chicorée
un État	ein Staat	ein Etat (ein Haushalt)	un budget
la fantaisie	die originelle Idee, der Einfallsreichtum, die Laune	die Fantasie	l'imagination
un feuilleton	eine Serie, eine Sendereihe	ein Feuilleton (Kulturteil in einer Zeitung)	les pages culturelles
fidèle	treu, getreu	fidel (fröhlich)	joyeux/-euse, gai/e
la figure	das Gesicht	die Figur die Figur *(lit.)*	la ligne, la silhouette le personnage
un fonctionnaire	ein/e Beamter/-in	ein Funktionär	un/e responsable
la garde-robe	die Garderobe (Kleiderbestand)	die Garderobe (die Kleiderabgabe)	le vestiaire
un gymnase	eine Turnhalle	das Gymnasium	le lycée
un/e gymnaste	ein/e Turner/in	ein/e Gymnasiast/in	un/e lycéen/ne
une infusion	ein Kräutertee	eine Infusion	une perfusion
misérable	bettelarm, ärmlich	miserabel (sehr schlecht)	très mauvais *(adj.)* très mal *(adv.)*

F ⇒	D	faux ami (D) ⇒	F
la misère	das Elend, die Not	eine Misere	une situation désastreuse
une moto (-cyclette)	ein Motorrad	ein Motto	une devise
ordinaire	gewöhnlich, normal, mittelmäßig	ordinär	vulgaire
un parterre (de fleurs)	ein Blumenbeet	ein Parterre	un rez-de-chaussée
une praline	ein gebrannte Mandel	eine Praline	un chocolat (fourré)
une raquette	ein Tennisschläger	eine Rakete	une fusée
une recette	ein (Koch-) Rezept	ein Rezept *(med.)*	une ordonnance
un/e régisseur/ -euse	ein Inspizient (Theater), ein Aufnahmeleiter (Kino, Fernsehen)	ein/e Regisseur/in	un metteur en scène (Theater), un/e réalisateur/ -trice (Kino, Fernsehen)
un rendez-vous	ein Termin, ein Treff(punkt)	ein Rendezvous	un rendez-vous amoureux
une tablette	ein (Regal-)Brett, eine Lutschtablette	ein Tablett eine Tablette	un plateau un comprimé
la toilette	die Körperpflege	die Toilette	les toilettes *(f. pl.)* les WC *(m.)*
un trésor	ein Schatz	ein Tresor	un coffre-fort
le tricot	das Stricken, das Strickzeug	das Trikot (Sporthemd)	le maillot
une veste	eine Jacke, ein Blazer	eine Weste	un gilet

3 Expressions idiomatiques

Une expression idiomatique est une phrase, un groupe de mots, qui trouve sa signification dans l'ensemble de ses éléments. Elle ne s'explique pas mot à mot, car elle nous livre avant tout une image. Les expressions idiomatiques nous révèlent beaucoup sur le mode de pensée spécifique des locuteurs d'une langue. C'est pourquoi elles varient d'une langue à une autre. Ces locutions rendent vos textes plus intéressants, plus imagés.

Pour parler de l'aspect physique

- **se ressembler comme deux gouttes d'eau** – einander zum Verwechseln ähnlich sein, wie ein Ei dem andern gleichen
- **être joli/mignon à croquer** *(fam.)* – zum Anbeißen sein/aussehen
- **être joli comme un cœur** – sehr hübsch/bildhübsch sein
- **être laid comme les sept péchés capitaux** – hässlich wie die Nacht sein
- **être haut comme trois pommes** – ein Dreikäsehoch sein *(fam.)*
- **être maigre comme un clou** – spindeldürr sein
- **n'avoir plus que la peau et les os** – nur noch Haut und Knochen sein
- **avoir une taille de guêpe** – eine Wespentaille haben
- **c'est une armoire à glace** *(fam.)* – er ist breit wie ein Kleiderschrank
- **être léger comme une plume** – leicht wie eine Feder sein
- **être blond comme les blés** – strohblonde Haare haben
- **être noir comme un corbeau** – pechschwarze Haare haben
- **avoir les cheveux poivre et sel** – graumeliertes Haar haben
- **avoir un œil au beurre noir** *(fam.)* – ein blaues Auge haben
- **être myope comme une taupe** *(fam.)* – sehr kurzsichtig sein, blind wie ein Maulwurf sein
- **avoir les oreilles en feuille de chou** – abstehende Ohren haben
- **se mettre sur son trente et un** – seine besten, schönsten Kleidungsstücke anziehen, sich in Schale werfen
- **être tiré à quatre épingles** – sehr sorgfältig gekleidet sein
- **cela lui va comme un gant** – etwas passt jdm. wie angegossen

Pour parler de la forme physique

- **avoir une santé de fer** – eine robuste Gesundheit haben
- **se porter comme un charme** – sich bester Gesundheit erfreuen
- **péter le feu** *(fam.)* – voller Energie stecken, vor Energie sprühen
- **reprendre du poil de la bête** – wieder zu Kräften kommen
- **brûler la chandelle par les deux bouts** – mit seiner Gesundheit Raubbau treiben, sein Geld zum Fenster rausschmeißen
- **filer un mauvais coton** – übel dran sein
- **être à ramasser à la petite cuiller** – in einem jämmerlichen Zustand sein, fix und fertig sein
- **tomber dans les pommes** – ohnmächtig werden
- **ne pas faire de vieux os** – jung sterben, nicht alt werden, bald sterben
- **manger les pissenlits par la racine** *(fam.)* – sich die Radieschen von unten betrachten *(fam.)*

Pour parler des plaisirs de la table

- **n'avoir rien à se mettre sous la dent** – nichts zu beißen haben
- **avoir une faim de loup** – einen Bärenhunger haben *(fam.)*
- **avoir l'estomac dans les talons** – jdm. hängt der Magen in den Kniekehlen *(fam.)*
- **s'en lécher les doigts** *(fam.)* – etwas mit Genuss essen
- **manger sur le pouce** *(fam.)* – auf die Schnelle eine Kleinigkeit essen
- **avoir un appétit d'oiseau** – essen wie ein Spatz *(fam.)*
- **manger du bout des dents** – ohne Appetit/mit Widerwillen essen
- **mordre à belles dents** – kräftig zulangen *(fam.)*
- **manger comme un ogre** – essen wie ein Scheunendrescher *(fam.)*
- **avoir les yeux plus grands que le ventre** – die Augen sind größer als der Magen
- **boire comme un trou** – saufen wie ein Loch *(fam.)*
- **avoir un verre dans le nez** *(fam.)* – einen Schwips haben *(fam.)*
- **cuver son vin** *(fam.)* – seinen Rausch ausschlafen
- **avoir la gueule de bois** *(fam.)* – einen Kater haben *(fam.)*

Pour parler du travail

- **avoir du pain sur la planche** – viel zu tun haben
- **ne pas/plus savoir où donner de la tête** – nicht (mehr) wissen, wo einem der Kopf steht
- **mettre la main à la pâte** *(fam.)* – selbst mit Hand anlegen
- **faire bouillir la marmite** – die Familie ernähren
- **travailler d'arrache-pied** – intensiv und ununterbrochen arbeiten
- **faire qch. en un tour de main/tournemain** – etwas im Handumdrehen erledigen
- **faire qch. en un clin d'œil** – etwas im Nu machen
- **se mettre en quatre** – sich große Mühe geben
- **faire des pieds et des mains** – sich viel/alle erdenkliche Mühe geben
- **se reposer sur ses lauriers** – sich auf seinen Lorbeeren ausruhen
- **se tourner les pouces** *(fam.)* – (dastehen und) Däumchen drehen
- **faire d'une pierre deux coups** – zwei Fliegen mit einer Klappe schlagen
- **mettre la charrue devant les bœufs** – das Pferd beim Schwanz/von hinten aufzäumen

Pour parler de la fatigue

- **avoir les jambes en coton** – kraftlos, müde, matt sein/weiche Knie haben
- **avoir un coup de barre** *(fam.)* – sich plötzlich sehr müde fühlen/einen Durchhänger haben
- **être au bout de son rouleau** – am Ende sein *(fam.)*
- **le marchand de sable est passé** *(fam.)* – das Sandmännchen war da
- **être dans les bras de Morphée** *(litt.)* – ruhig schlafen
- **dormir à poings fermés** – fest und ruhig schlafen (bei kleinen Kindern)
- **faire la grasse matinée** – bis in den Tag hinein schlafen
- **passer une nuit blanche** – eine schlaflose Nacht verbringen

Pour parler du caractère, de l'attitude

- **prendre le taureau par les cornes** – den Stier bei den Hörnern packen
- **jouer des coudes** *(fam.)* – seine Ellbogen gebrauchen
- **ne pas y aller par quatre chemins** – ohne Umwege/direkt auf ein Ziel losgehen
- **tenir à qn./qch. comme à la prunelle de ses yeux** – jdn./etwas wie seinen Augapfel hüten
- **croire à qch. dur comme fer** – an etwas ganz fest glauben
- **ne pas avoir froid aux yeux** – keine Angst haben
- **prendre son courage à deux mains** – seinen ganzen Mut zusammennehmen
- **ne pas voir plus loin que le bout de son nez** – nicht über die eigene Nase hinausschauen *(fam.)*
- **être soupe au lait** – schnell/leicht aufbrausen
- **jouer cartes sur table** – mit offenen Karten spielen
- **mettre les points sur les i** – sich klipp und klar ausdrücken *(fam.)*
- **ne pas mâcher ses mots** – kein Blatt vor den Mund nehmen
- **changer son fusil d'épaule** – seine Meinung, Ansicht, Pläne, Taktik ändern
- **ne pas savoir sur quel pied danser** – nicht ein noch aus wissen
- **tourner autour du pot** – um etwas herumgehen wie die Katze um den heißen Brei *(fam.)*, um den heißen Brei herumreden
- **mentir comme un arracheur de dents** – lügen, dass sich die Balken biegen *(fam.)*
- **ce n'est pas très catholique** – etwas ist nicht ganz koscher *(fam.)*
- **raconter une histoire à dormir debout** – eine unglaubwürdige, unwahrscheinliche Geschichte erzählen
- **ne pas faire de mal à une mouche** *(fam.)* – keiner Fliege etwas zuleide tun (können)
- **on lui donnerait le bon Dieu sans confession** – jd. sieht aus, als ob er nichts Unrechtes tun könnte
- **avoir le cœur sur la main** – sehr großzügig sein

- **ne pas savoir tenir sa langue** – seine Zunge nicht hüten können
- **se prendre pour le nombril du monde** – sich für den Nabel der Welt halten
- **se moquer de qch. comme de l'an quarante** *(fam.)* – etwas ist jdm. völlig egal
- **chercher midi à quatorze heures** – es sich unnötig schwer machen
- **couper les cheveux en quatre** – Haarspalterei betreiben
- **faire tout un plat de qch.** – etwas tierisch ernst nehmen, viel Wind um etwas machen
- **ne pas y aller de main morte** – sehr energisch vorgehen, übertreiben
- **tirer son épingle du jeu** – sich aus der Affäre ziehen

Pour parler de difficultés ou d'un échec

- **mettre les pieds dans le plat** – ins Fettnäpfchen treten *(fam.)*
- **chercher une aiguille dans une botte de foin** – eine Stecknadel im Heuhaufen suchen *(fam.)*
- **être à côté de la plaque** *(fam.)* – auf dem Holzweg sein
- **qch. finit en queue de poisson** – im Sand(e) verlaufen
- **faire chou blanc** – Misserfolge/Pech haben
- **se casser le nez** *(fam.)* – auf die Nase fallen *(fam.)*
- **qch. ne tient qu'à un fil** – etwas hängt nur an einem dünnen Faden
- **tomber dans le panneau** *(fam.)* – hereinfallen, in eine Falle geraten
- **se jeter dans la gueule du loup** – sich leichtsinnig einer Gefahr aussetzen, sich in Teufels Küche bringen *(fam.)*
- **battre de l'aile** – sich in (großen) Schwierigkeiten befinden
- **être le dindon de la farce** – das Opfer eines üblen Scherzes sein
- **être sur le pavé** – ohne Wohnung sein, keine Bleibe mehr haben, ohne Stellung, arbeitslos sein
- **être dans le pétrin** *(fam.)* – in der Klemme sein *(fam.)*
- **être dans de beaux draps** – in der Patsche sitzen *(fam.)*
- **être pris entre deux feux** – zwischen zwei Stühlen sitzen

- **les carottes sont cuites** *(fam.)* – es ist schon alles gelaufen *(fam.)*
- **ne pas être (encore) sorti de l'auberge** *(fam.)* – noch nicht über den Berg sein *(fam.)*

Pour parler des rapports avec les autres

- **avoir des atomes crochus avec qn.** *(fam.)* – auf der gleichen Wellenlänge mit jdm. liegen *(fam.)*
- **être comme les doigts de la main** – ein Herz und eine Seele sein
- **faire de l'œil à qn.** *(fam.)* – jdm. schöne Augen machen *(fam.)*
- **avoir le coup de foudre (pour qn.)** – sich in jdn. auf den ersten Blick verlieben
- **avoir qn. dans la peau** *(pop.)* – in jdn. verknallt sein *(pop.)*
- **trouver chaussure à son pied** *(fam.)* – den passenden Partner, die passende Partnerin finden
- **le torchon brûle (entre eux)** – bei jdm. hängt der Haussegen schief *(fam.)*, es herrscht dicke Luft
- **il faut laver son linge sale en famille** – man soll seine schmutzige Wäsche nicht in der Öffentlichkeit waschen
- **arriver comme un cheveu sur la soupe** – sehr ungelegen kommen
- **mettre son grain de sel** *(fam.)* – seinen Senf dazugeben *(fam.)*
- **mettre la puce à l'oreille de qn.** – jdn. misstrauisch/hellhörig machen
- **être pendu aux basques de qn.** – sich an jds. Rockzipfel hängen
- **casser les pieds à qn.** *(fam.)* – jdm. auf den Geist gehen *(fam.)*
- **mettre à qn. des bâtons dans les roues** – jdm. einen Knüppel zwischen die Beine werfen *(fam.)*
- **donner du fil à retordre à qn.** – jdm. viel zu schaffen machen
- **poser un lapin à qn.** – jdn. sitzen lassen
- **se payer la tête de qn.** *(fam.)* – jdn. für dumm verkaufen
- **damer le pion à qn.** – jdn. überflügeln, übertreffen
- **se regarder en chiens de faïence** – sich feindselig anstarren
- **avoir une dent contre qn.** – etwas gegen jdn. haben

- **engueuler qn. comme du poisson pourri** *(pop.)* – jdn. zur Schnecke machen
- **être à couteau tiré avec qn.** – mit jdm. auf Kriegsfuß stehen
- **passer l'éponge sur qch.** – etwas vergessen, verzeihen
- **devoir une fière chandelle à qn.** – jdm. zu großem Dank verpflichtet sein

Parler pour parler

- **être muet comme une carpe** – stumm wie ein Fisch sein
- **avoir un mot sur le bout de la langue** – jdm. liegt ein Wort auf der Zunge
- **ne pas avoir sa langue dans sa poche** – nicht auf den Mund gefallen sein *(fam.)*
- **avoir la langue bien pendue** – ein großes Mundwerk haben *(fam.)*
- **passer du coq à l'âne** – plötzlich auf ein anderes Thema überspringen
- **parler à bâtons rompus** – zwanglos, über dieses und jenes plaudern
- **parler une langue de bois** – eine erstarrte Funktionärssprache/Verwaltungssprache sprechen
- **donner sa langue au chat** – das Raten aufgeben, passen müssen

Pour parler de l'humeur, de l'état d'esprit

- **être aux anges** – im siebten Himmel sein *(fam.)*
- **ne pas être à prendre avec des pincettes** – sehr schlecht gelaunt sein/mit Vorsicht zu genießen sein
- **ne pas être dans son assiette** – sich nicht wohl fühlen, nicht in Form sein
- **broyer du noir** *(fam.)* – sich düstere Gedanken machen, Trübsal blasen *(fam.)*
- **pleurer à chaudes larmes** – sehr heftig weinen
- **pleurer comme une Madeleine** – sich die Augen ausweinen
- **ronger son frein** – seinen Ärger verbeißen, vor Ungeduld fast vergehen

- **se faire de la bile/du mauvais sang** – sich Sorgen machen, Kummer haben
- **avoir les nerfs à fleur de peau** – äußerst reizbar/nervös sein
- **être dans tous ses états** – ganz aus dem Häuschen sein *(fam.)*
- **se mettre sur ses grands chevaux** – wütend werden
- **avoir une peur bleue** – eine Heidenangst haben
- **avoir la chair de poule** – eine Gänsehaut bekommen

Pour parler de la démarche

- **marcher sur des œufs** *(fam.)* – wie auf Eiern gehen *(fam.)*
- **marcher à la queue leu leu/à la file indienne** – im Gänsemarsch gehen
- **prendre ses jambes à son cou** – die Beine unter die Arme nehmen *(fam.)*
- **filer à l'anglaise** – heimlich weggehen, auf französisch Abschied nehmen *(fam.)*
- **prendre la poudre d'escampette** – sich aus dem Staub machen *(fam.)*

Pour parler de l'argent

- **coûter les yeux de la tête** – ein Vermögen kosten
- **acheter qch. pour une bouchée de pain** – etwas für einen Apfel und ein Ei kaufen *(fam.)*
- **avoir du mal à joindre les deux bouts** – Schwierigkeiten haben, über die Runden zu kommen *(fam.)*
- **se serrer la ceinture** *(fam)* – den Gürtel enger schnallen *(fam.)*
- **jeter l'argent par les fenêtres** – sein Geld zum Fenster hinauswerfen *(fam.)*
- **être sans le sou** – kein Geld haben
- **tirer le diable par la queue** – am Hungertuch nagen *(fam.)*
- **être pauvre comme Job** – ein armer Teufel sein *(fam.)*
- **mettre du beurre dans les épinards** – die Finanzen aufbessern, sich ein nettes Zubrot verdienen
- **être riche comme Crésus** – reich wie Krösus sein
- **rouler sur l'or** – im Geld schwimmen

Pour parler de la pluie et du beau temps

- **il pleut à seaux** – es gießt, es schüttet wie aus Kübeln *(fam.)*
- **il pleut des cordes** – es regnet Bindfäden *(fam.)*
- **être trempé jusqu'aux os** – nass bis auf die Knochen sein
- **il fait un brouillard à couper au couteau** – es herrscht dichter Nebel
- **il fait un vent à décorner les bœufs** *(fam.)* – es stürmt fürchterlich, entsetzlich
- **il fait un soleil de plomb** – es herrscht bleierne Hitze
- **il fait un froid de canard** – es herrscht eine Hundekälte
- **il fait un temps à ne pas mettre un chien dehors** – bei diesem Wetter jagt man doch keinen Hund vor die Tür

4 Conseils pratiques pour l'apprentissage du vocabulaire

4.1 Regrouper et structurer

On sait par expérience qu'il est plus facile d'apprendre et de mémoriser le vocabulaire quand celui-ci est organisé de manière systématique. Ceci dit, il y a plus d'une façon de regrouper, de structurer et d'enregistrer le vocabulaire. C'est pourquoi chacun doit trouver la méthode qui lui convient le mieux, qui lui paraît la plus logique. En voici quelques exemples:

mots regroupés par thèmes: le sport, la culture, la santé

mots reliés à une activité ou à un processus: faire les courses (faire une liste, aller au supermarché, prendre un chariot etc. ...)

mots reliés à un concept: par exemple pour parler de l'élocution: articuler, balbutier, bégayer, chuchoter, crier

synonymes: la crainte = la peur

contraires: aimer ≠ détester

mots regroupés selon leur degré d'intensité: par exemple pour parler de la clarté: noir, obscur, sombre, clair, illuminé, éblouissant

familles de mots: On prend en note les noms, verbes, adjectifs ou adverbes reliés à un mot, par exemple: ouvrir, rouvrir, ouvreur, ouvreuse, ouverture, ouvert, rouvert, ouvertement

collocations: Il s'agit ici de relever les mots non pas de façon isolée, mais en combinaison avec d'autres mots formant ainsi des locutions, des phrases verbales, par exemple: question ⇒ aborder une question, débattre une question, éluder une question, formuler/poser une question, soulever une question, une question brûlante/controversée/délicate. Ces collocations sont des expressions figées, dictées par l'usage et où les termes ne sont pas interchangeables avec d'autres.

Dans tous les cas, il est recommandé de prendre en note une phrase utilisant le mot ou les mots en contexte.

4.2 Visualiser et enregistrer

Une fois que l'on a déterminé comment regrouper et structurer le vocabulaire à apprendre, on doit le visualiser et l'enregistrer, c'est-à-dire le fixer sur papier. Cela peut être fait soit sur une feuille format A4 que l'on place dans un classeur à anneaux (Ringbuch), soit sur des fiches que l'on range dans un fichier (Karteikasten). Encore une fois, chaque formule présente des avantages. Idéalement on travaille avec les deux à la fois sinon on choisit celle qui nous semble la plus pratique.

■ le classeur à anneaux (Ringbuch)

Grâce à son format, il est possible d'y présenter le vocabulaire sous forme d'organigramme, de pictogrammes ou de schéma à bulles:

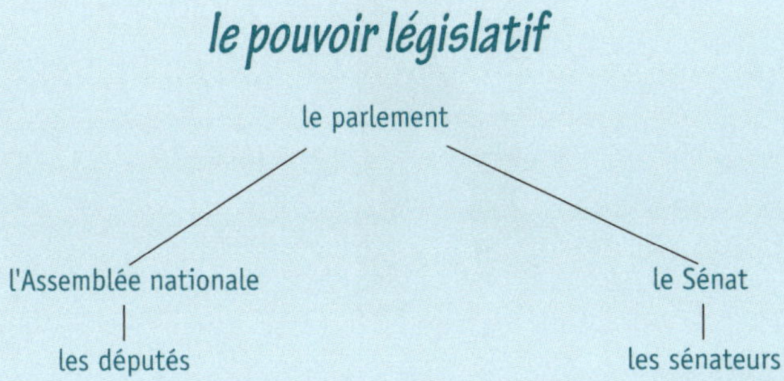

 l'haltérophilie

 le golf

 défense de fumer

 le ski alpin

 la natation

 un couvert

Le classeur à anneaux permet aussi de créer son propre dictionnaire illustré. En effet, pour certains groupes de mots, il peut être utile d'utiliser une image sur laquelle on identifie les différents éléments qui la composent, comme pour le corps humain.

Les fiches

De façon générale, on inscrit le terme français sur un côté de la fiche et la traduction de l'autre. Le côté français peut aussi contenir d'autres informations telles que des collocations ou une phrase en contexte. Les fiches offrent plus de fléxibilité que les cahiers de vocabulaire traditionnels (Vokabelheft). On peut par exemple changer l'ordre d'apparition des mots. On évite ainsi de se rappeler un mot simplement parce qu'il est inscrit au haut de la page à gauche. De plus, dans un cahier de vocabulaire les mots suivent l'ordre chronologique d'apparition dans la leçon et ne répondent donc pas à une classification logique par thèmes. On sait pourtant que cela favorise l'apprentissage. Le travail avec les fiches permet aussi de mieux vérifier quels mots sont appris et lesquels ne le sont pas. En plaçant à l'arrière du fichier les mots connus et à l'avant ceux qui ne sont pas encore maîtrisés, on ne perd pas de temps à réviser des choses déjà apprises, ce qui est le cas lorsqu'on apprend des listes de mots dans un cahier.

Il est clair que travailler avec le classeur à anneaux ou les fiches requiert plus de temps que recopier les listes de mots dans un cahier de vocabulaire. Toutefois, le temps qu'on y investit a un impact positif sur l'apprentissage. En structurant et en visualisant soi-même le vocabulaire à apprendre, on fait un premier travail de mémorisation. Les mots ont de meilleures chances d'être ancrés dans notre mémoire à long terme.

4.3 Apprendre, mémoriser et activer

Tout comme pour les étapes précédentes, il existe plus d'une façon de faire. Tout en laissant le libre choix à chacun, voici quelques conseils qui pourraient être utiles à l'apprentissage du vocabulaire:

Stratégies

- Lorsqu'on a du mal à retenir un certain mot, on met une petite étoile d'une autre couleur juste à côté de celui-ci. On refait la même chose chaque fois qu'on oublie le mot. Si le mot a trois étoiles, cela signifie qu'il s'agit d'un mot qu'on oublie facilement et qui exige plus d'attention.
- On ne doit jamais négliger de retourner en arrière et de réviser le «vieux» vocabulaire pour vérifier que l'on n'a rien oublié.
- Cela ne sert à rien d'essayer d'apprendre trop de mots à la fois. En effet, pour bien connaître un mot il faut le répéter et l'utiliser souvent. Il est donc préférable de se limiter à de petits

groupes de mots et de bien les maîtriser avant de passer à d'autres.

- On écrit les nouveaux mots sur des petits papiers que l'on colle un peu partout à la maison. De cette façon, on est obligé d'y réfléchir à chaque fois que l'on aperçoit une de ces petites notes.
- On essaie de réutiliser le vocabulaire appris dans nos rédactions ou dans nos courriers électroniques.
- On regarde le plus souvent possible des films en français. Même si on ne comprend pas chaque mot, le contexte et les images nous permettent de suivre l'histoire. On peut aussi choisir de regarder une version sous-titrée d'un film français ou bien la version française d'un film qu'on a déjà vu en allemand ou en anglais. On comprend alors plus facilement. Dans les grandes villes, certaines salles de cinéma présentent des films en version originale. Certaines chaînes de télévision comme TV 5 ou Arte le font également. Les DVD sont aussi un outil idéal pour visionner des films en français.
- Tout comme pour les films, on peut suivre les informations télévisées en français, à l'antenne de TV 5 par exemple. Il peut être utile de regarder d'abord les infos en allemand, pour connaître les grands titres, les thèmes. Il est alors plus facile de suivre le bulletin en français.
- Il ne faut bien sûr pas négliger la lecture. La plupart des grands journaux et magazines français sont disponibles en Allemagne. Ceci dit, ils sont aussi très chers. Cependant, ils ont souvent une version électronique que l'on peut consulter sur leur site Internet. Certaines grandes bibliothèques gardent aussi quelques titres en français.

- On peut aussi conclure un pacte avec ses confrères et consœurs de classe. On s'entend pour parler français ensemble chaque jour pendant une heure ou tous les vendredis soirs. On peut mettre sur pied une « Stammtisch » où on invite aussi les profs ou bien des Français et Françaises installés dans la région. Dans plusieurs grandes villes, il existe d'ailleurs déjà des associations franco-allemandes qui offrent des soirées de conversation.

- On essaie de convaincre ses parents de planifier les prochaines vacances dans un milieu francophone. On peut aussi y faire un séjour dans le cadre d'un échange scolaire.

5 Travailler avec un dictionnaire

Certes, l'achat d'un bon dictionnaire occasionne des coûts élevés, mais cela en vaut la peine. En effet, un bon dictionnaire est un outil indispensable pour qui sait s'en servir. De plus, c'est un ouvrage de référence pour plusieurs années à venir.

5.1 Le dictionnaire bilingue

Les dictionnaires de poche sont en raison de leur format certes très pratiques pour les touristes, mais à part la traduction du mot, qui souvent ne se limite qu'à un seul sens, ils n'offrent que peu d'informations sur son emploi. C'est pourquoi il est toujours préférable de choisir un dictionnaire plus complet et conçu pour les apprenants, car il contient davantage d'informations sur un mot et son usage.

Comme un mot peut avoir plus d'une traduction selon le contexte, il faut toujours vérifier toutes les propositions qui sont faites afin de choisir celle qui correspond le mieux au sens recherché. Cette vérification peut se faire de deux façons:

- soit en consultant un dictionnaire unilingue
- soit en faisant une double recherche: Après avoir choisi une traduction dans la section français-allemand par exemple, on cherche ce même mot dans la section allemand-français pour voir quelles traductions sont proposées. Ce travail devrait permettre de déterminer si la traduction choisie est la bonne.

Exemple d'une entrée dans un dictionnaire bilingue

Sous le mot-clé **emploi**, on trouve dans le dictionnaire „Pons Großwörterbuch Französisch" l'article suivant:

emploi [ɑ̃plwa] *m* **1.** [poste] Anstellung *f*, Stelle *f*; **l'~ ECON** Beschäftigung f; **~ à mi-temps/à temps partiel/à plein temps** Halbtags-/Teilzeit-/Ganztagsstelle; **qc crée des ~, qc est créateur d'~s** etw schafft [neue] Arbeitsplätze; **situation/politique de l'~** Beschäftigungslage *f*/-politik *f* **2.** (utilisation) Gebrauch *m*, Benutzung *f*; [appareil a.] Bedienung *f*; [somme, argent] Verwendung *f*; **qc est d'un ~ facile/délicat** etw

ist leicht/vorsichtig zu handhaben; **on peut trouver d'autres ~ à cet appareil** dieses Gerät lässt sich auch für andere Zwecke verwenden
3. LING Verwendung *f*, Gebrauch *m*; **qc est d'un ~ courant/rare** etw wird häufig/selten gebraucht; c**e mot a différents ~s** das Wort hat verschiedene Bedeutungen

- **qc fait double** ~ etw ist überflüssig; **le plein** ~ die Vollbeschäftigung; **qn. en a/n'en a pas l'~** jd hat Verwendung/keine Verwendung dafür; **[qn. est] sans** ~ jd hat keine Arbeit, [jd] ist arbeitslos
- **emploi du temps** Zeitplan *m*, Terminkalender *m*, SCOL Stundenplan *m*; **qn. a un ~ du temps très chargé** jd hat einen vollen Terminkalender; **qn. tâche d'organiser efficacement son ~ du temps** jd versucht, seine Zeit gut einzuteilen.

En plus des informations habituelles telles que la phonétique, la catégorie grammaticale, un renvoi aux modèles de conjugaison des verbes, le genre et le pluriel des noms, les éléments contenus dans l'article nous livrent les informations suivantes:

- des indications de domaines, par exemple LING
- d'autres mots français, des synonymes, qui viennent expliquer le sens, par exemple (utilisation)
- des équivalents de la langue cible (traductions), par exemple Benutzung
- des exemples d'emploi, par exemple qc est d'~ facile/délicat
- des composés, par exemple emploi du temps
- des expressions idiomatiques, par exemple qc fait double

Evidemment, chaque dictionnaire structure et illustre ses articles à sa façon. Il convient donc de lire les notes explicatives au début de chaque ouvrage.

5.2 Le dictionnaire unilingue

Tout comme pour le dictionnaire bilingue, on a tout intérêt à choisir un dictionnaire unilingue à l'usage des apprenants. On y trouvera:

- la prononciation ⇒ à l'aide de la transcription phonétique
- une définition ⇒ ce que signifie le mot
- la catégorie grammaticale ⇒ par exemple nom, adjectif, verbe
- pour le nom ⇒ le genre et la formation du pluriel

- pour le verbe ⇒ comment il se construit, c'est-à-dire s'il est transitif direct (objet direct), indirect (objet indirect) ou intransitif (pas de complément d'objet) et un renvoi au modèle de conjugaison
- le registre de langue ⇒ familier, populaire, littéraire, vieux
- s'il s'agit d'un régionalisme ⇒ mot ou emploi typique d'une région (par exemple le Canada, la Belgique, la Suisse), mais qui n'est pas d'usage général
- un exemple ⇒ une phrase dans laquelle le mot est employé en contexte

5.3 Le dictionnaire sur CD-ROM

L'utilisation d'un dictionnaire électronique sur son ordinateur offre certains avantages. En plus d'y trouver toutes les informations contenues dans un dictionnaire standard, on peut gagner beaucoup de temps grâce aux fonctions de recherche. Le dictionnaire sur CD-ROM est en partie aussi plus complet, car il peut compter jusqu'à 250 000 mots-clés et expressions et fait usage de fonctions multi-médias telles que des vidéoclips, des exercices et des jeux.

5.4 Le dictionnaire en ligne

Il existe plusieurs dictionnaires électroniques que l'on peut consulter en ligne comme *www.dict.leo.org*, *www.dicdata.de*, *Lexilogos* ou *Ponsline*. Il est toutefois important d'être vigilant lorsqu'on utilise certains de ces ouvrages de référence numériques, car ils ne sont pas tous fiables. Comme l'Internet se développe à une vitesse fulgurante, les dictionnaires en ligne manquent parfois de conception et de coordination. On est donc souvent obligé de vérifier le résultat de ces recherches dans un dictionnaire unilingue standard.

6 Se débrouiller sans dictionnaire

Lorsqu'on lit un texte pour la première fois, il n'est pas nécessaire de comprendre chaque mot. Il est beaucoup plus important d'en saisir l'idée générale. De plus, on peut, à l'aide de différents indices contenus dans le texte, déchiffrer le sens d'un mot inconnu sans avoir à consulter un dictionnaire.

6.1 Le contexte

Le contexte dans lequel un mot est utilisé nous aide à en comprendre le sens.

Les mots placés immédiatement avant ou après le mot inconnu nous indiquent souvent comment interpréter celui-ci.
Exemple: *Mets tes moufles sinon tu vas te geler les doigts.*
⇒ Même si on ne connaît pas le mot *moufles* on comprend qu'il s'agit de quelque chose que l'on porte *(mets)* pour garder les mains au chaud *(geler les doigts)* quand il fait froid.

Les connaissances que l'on possède sur un sujet donné contribuent également à nous faire comprendre le sens de certains mots. Si par exemple on a vu un reportage ou lu un article en allemand sur la crise israélo-palestinienne, il y de fortes chances pour qu'on comprenne mieux un texte sur le même sujet en français.

6.2 La ressemblance avec d'autres mots

Comme on l'a déjà mentionné, le français a largement influencé d'autres langues. L'inverse est aussi vrai. Confronté à un mot inconnu, on peut donc se poser la question suivante: Le mot inconnu ressemble-t-il à un mot allemand ou anglais? La signification est alors souvent la même. Attention toutefois aux faux amis (→ pages 32–34)!

Il peut aussi y avoir ressemblance avec un autre mot français. On dira alors qu'il s'agit d'un mot de la même famille. A l'aide des préfixes et des suffixes on peut en préciser le sens.

6.3 Les préfixes et les suffixes

Les préfixes et les suffixes peuvent être très utiles pour comprendre le sens d'un mot inconnu.

Préfixes usuels

préfixe	sens	exemple
anti-	contre	antibiotique
auto-	soi-même	autobiographie
bi-	deux	bilingue
co-	avec	coauteur
de-/dé-/des-/dés-	éloignement, séparation, privation	désunir
ex-	hors de antérieur	expulser ex-mari
il-/im-/in-/ir-	négation	illettré, impossible, insalissable, irresponsable
inter-	entre	interaction
micro-	petit	microclimat
mé-/més-	mal	mépriser
mono-	seul, unique	monoski
multi-	beaucoup, nombreux	multimédia
hyper-	au-dessus, au delà	hyperactivité
hypo-	au-dessous, en deçà	hypocalorique
post-	après	post-moderne
pré-	devant, en avant	préhistoire
re-	retour, répétition, achèvement	refermer, redire, ramasser
semi-	à moitié, demi	semi-liberté

Suffixes de certains adjectifs

Les **suffixes de certains adjectifs** nous indiquent aussi **le sens** du mot:

suffixe	sens	exemple
-able/-ible	qui peut être	habitable, corrigible
-ard/-arde	donne une nuance péjorative ou vulgaire	vantard
-âtre	donne une nuance péjorative	rougeâtre

Suffixes

Les suffixes nous révèlent aussi **la catégorie grammaticale** d'un mot:

catégorie grammaticale	suffixe	exemple
nom	-ement, -issement	groupement, agrandissement
	-tion, -ation, -ition	attribution, constatation, finition
	-aison	déclinaison
	-ure, -ature	blessure, filature
	-ade	glissade
	-erie	tracasserie
	-ance	espérance
	-ateur, -atrice	tentateur, perforatrice
	-iste	arriviste
	-oir, -oire	parloir, bouilloire
	-té, -eté, -ité	beauté, propreté, solidité
	-ie	folie
	-erie	niaiserie
	-isme	américanisme
	-esse	gentillesse
	-itude	plénitude

adjectif	-ien, -ienne	italien, italienne
	-ais, -aise	français, française
	-ain, -aine	africain, africaine
	-al, -ale	tropical, patronale
	-el, -elle	formel, émotionnelle
	-if, -ive	offensif, fautive
	-eux, -euse	paresseux, crasseuse
	-ique	méthodique
	-able	blâmable
	-ible	corrigible
	-ard, -arde	vantard, vantarde
	-âtre	rougeâtre
verbe	-er	clouer
	-ifier	momifier
	-eler	bosseler
	-iser	alcooliser
	-oyer	coudoyer
	-er	bavarder
	-ir	faiblir
	-ifier	simplifier
	-iser	légaliser

Grammaire

1 L'article

1.1 Quand dois-je utiliser l'article défini? *(le, la, l', les)*

- pour parler de quelqu'un ou de quelque chose de précis, c'est-à-dire dont on connaît déjà l'identité, dont on a déjà parlé:
  - ***La** fille que j'ai rencontrée au café hier s'appelle Noémie.*
  - *Andréanne m'a parlé d'un livre intéressant. **Le** livre s'intitule Kamouraska.*
  - *Je n'aime pas du tout **les** chaussures que tu as achetées.*
  - *Quel est le nom de **l'**ami de Pierre qui a émigré au Canada?*

- pour parler de toutes les personnes ou de toutes les choses constituant un groupe, un ensemble ou un tout, c'est-à-dire lorsqu'on généralise:
  - ***Les** enfants aiment **les** contes de fées. (Kinder lieben Märchen.)*
  - ***Le** lait est bon pour la santé. (Milch ist gut für die Gesundheit.)*

- pour parler de quelqu'un ou de quelque chose d'unique:
  - ***Le** Président de la République a prononcé un discours à l'occasion de la fête nationale.*
  - *Comme **le** ciel est clair cette nuit, on voit très bien la lune.*

- pour parler de quelqu'un ou de quelque chose défini par le contexte:
  - *Dans un article sur la délinquance juvénile, **l'**auteur affirme ... (l'auteur de l'article)*

- pour parler d'un continent, d'un pays, d'une province, d'un département ou de certaines grandes îles européennes:
  - ***l'**Asie, **l'**Amérique du Nord, **l'**Afrique*
    ***le** Canada, **l'**Argentine, **la** Norvège, **les** Pays-Bas*
  - ***le** Québec, **la** Bavière, **la** Bretagne, **l'**Alsace*
  - ***la** Corse, **la** Crète, **la** Sardaigne, **la** Sicile*

Ländernamen

Eine komplette Liste der Länder, die mit einem bestimmten Artikel verwendet werden, finden Sie in einem einsprachigen Wörterbuch.

- Aux questions *où* et *vers où* on répond en faisant précéder le nom de lieu soit par la préposition *à (au, aux)* soit par la préposition *en* (sans article).
  - **au** + nom de lieu au masculin singulier
    Cet été nous irons en vacances ***au*** *Portugal.*
  - **aux** + nom de pays au pluriel
    Ma tante habite ***aux*** *Etats-Unis.*
  - **en** + nom de lieu féminin ou nom de lieu masculin débutant par une voyelle
    En *Louisiane, il y a encore une minorité francophone.*
    On a annoncé des élections législatives ***en*** *Iran.*

- A la question *d'où* on répond en utilisant la préposition *de (du, des)* devant le nom de lieu.
  - **du** + nom de lieu au masculin singulier débutant par une consonne
    Ils sont rentrés ***du*** *Danemark la semaine dernière.*
  - **des** + nom de lieu au pluriel
    Ma sœur m'a envoyé une carte postale ***des*** *Pays-Bas.*
  - **de/d'** + nom de lieu féminin ou masculin singulier débutant par une voyelle
    Ces étudiants sont originaires ***de*** *Suisse et* ***d'****Iran.*

- L'article défini s'emploie aussi devant les points cardinaux, les noms de rivières, de mers, d'océans et de montagnes.
  - *Elle parle un dialecte* ***du*** *nord* ***de la*** *France.*
  - ***la*** *Seine,* ***le*** *Saint-Laurent,* ***la*** *Mer noire,* ***l'****Atlantique,* ***les*** *Rocheuses*

- On utilise l'article défini en relation avec des expressions de temps, comme les moments de la journée et les jours de la semaine, pour indiquer une habitude ou lorsqu'il s'agit d'un jour bien précis.
  - ***Le** matin, madame Blanchette fait une heure de jogging.*

  Mais:
  - ***A** midi, j'ai rendez-vous avec mon amie.*
  - *Elle ne s'endort jamais avant __ minuit.*

  - *Les enfants n'ont pas classe **le** mercredi.*
  - *Le magasin fermera ses portes **le** vendredi 10 mai.*
  - ***Le** lundi de Pâques c'est jour férié.*

  Mais:
  - *Aujourd'hui c'est __ mercredi.*
  - *__ Vendredi, nous irons au théâtre.*

- Le nom des saisons est précédé de l'article défini.
  - ***L'**hiver on peut faire du patin sur les lacs gelés.*
  - *Les tulipes fleurissent **au** printemps.*
  - ***L'**automne, les forêts québécoises sont superbes.*

  Mais:
  - ***En** hiver, les journées sont plus courtes.*
  - ***En** été nous faisons de longues randonnées à vélo.*
  - ***En** automne (à l'automne), les feuilles tombent.*

- De façon générale, on utilise l'article défini en relation avec les parties du corps.
  - *Va te laver **les** mains avant de passer à table!*
  - *Noémie a **les** yeux bleus.*
  - *Alexandra a **les** cheveux blonds.*
  - *Christine a mal à **la** tête.*
  - *Michel s'est cassé **le** bras.*

  Mais:
  - ***Son** bras est cassé. (fonction sujet)*

1.2 Quand dois-je utiliser l'article indéfini? *(un, une, des)*

- Pour parler de personnes ou de choses dont on parle pour la première fois et pouvant être quantifiées. Au singulier il désigne une chose ou un être quelconque, au pluriel une quantité indéfinie.
  - *En me promenant dans la forêt, j'ai aperçu* ***un*** *sanglier et* ***des*** *lièvres.*
  - ***Un*** *autobus transportant* ***des*** *enfants est entré en collision avec* ***un*** *camion roulant en sens inverse.*

- Si un adjectif précède le nom, on utilise *de* plutôt que *des*.
  - ***De*** *nombreux jeunes ont assisté au concert.*

- Si toutefois l'adjectif et le nom forment une locution figée, on place l'article indéfini pluriel *des*.
  - *Il y avait surtout* ***des*** *jeunes gens au concert.*

- L'article indéfini pluriel *des* n'a pas d'équivalent en allemand.
  - *J'ai mangé* ***des*** *crêpes – Ich habe __ Pfannkuchen gegessen.*

- L'attribut désignant un métier ou une appartenance sociale ou politique s'emploie sans article.
  - *Marie-France est __ psychologue.*

  Mais:
  - *Marie-France est* ***une excellente*** *psychologue.*

1.3 Quand dois-je utiliser l'article partitif? *(du, de la, de l')*

- pour désigner une quantité indéfinie d'une chose (substance, matière ou un terme abstrait) ne pouvant être quantifiée:
  - *Si tu vas au supermarché, n'oublie pas d'acheter* ***du*** *lait,* ***du*** *beurre et* ***du*** *vin.*
  - *Il faut* ***de la*** *patience pour élever des enfants.*

Grammaire

- On l'utilise avec des noms d'animaux pour en désigner la viande que l'on consomme.
  - *manger **du** poulet*
  - *acheter **du** veau*

- Après les **expressions de quantité**, on utilise le partitif *de* sans article. Par exemple:
  - *une foule **de***
  - *une centaine **de***
  - *un million **de***
  - *un paquet **de***
  - *un tas **de***
  - *une douzaine **de***
  - *peu **de** ≠ beaucoup **de***
  - *plus **de** ≠ moins **de***
  - *tant **de** = tellement **de***
  - *Combien **de** ...?*
  - *une livre **de***
  - *un sac **de***

  Mais:
  - ***La plupart des** enfants regardent trop la télé.*
  - ***La plus grande partie des** Québécois parle français, mais **la majorité des** Canadiens parle anglais.*
  - ***Plus de la moitié des** Français a voté non au référendum.*
  - ***Bien des** gens ne savent pas qu'on parle français au Canada.*
  - *François ne pourra pas venir: il a **bien du** travail.*

- Après les expressions *la plus grande partie des*, *la majorité des* et *la moitié des* le verbe se met au singulier.

- Il n'y a pas d'article partitif ou indéfini pluriel après les prépositions *sans* et *de*.
  - *Ils ont immigré clandestinement, sans __ papiers.*
  - *Pour faire cette tarte j'ai besoin de __ sucre.*

- L'article partitif n'a pas d'équivalent en allemand.
  - *Pierre a acheté **du** pain et **de la** confiture.*
    – Pierre hat __ Brot und __ Marmelade gekauft.

Grammaire

1.4 Dans quels cas peut-on omettre l'article?

- On omet souvent l'article dans les annonces, les mots composés et les énumérations.
  - *Appartement à louer*
  - *un train de passagers*
  - *Grands-parents, parents et enfants, tous étaient à la fête.*

- Il existe aussi des expressions figées qui se construisent sans article, par exemple.
  - *avoir faim/soif* .... *Hunger/Durst haben*
  - *avoir raison/tort* .... *Recht/Unrecht haben*
  - *avoir besoin de qn./qch.* .... *jdn./etw. brauchen*
  - *avoir pitié de qn.* .... *mit jdm. Mitleid haben*
  - *avoir droit à qch.* .... *auf etw. Anspruch haben*

    Mais:

    avoir le droit de faire qch. ...... *die Erlaubnis haben, etw. zu tun*
  - *avoir envie de (faire) qch.* ...... *Lust haben*
  - *avoir honte de (faire) qch.* ..... *sich schämen*
  - *avoir peur de qn./qch.* .... *Angst haben vor ...*

    (de faire qch.) .... */etw. zu tun*

    Mais:

    avoir le courage
    de faire qch. .... *den Mut haben etwas zu tun*
  - *faire attention (à qn./qch.)* ... *aufpassen*
  - *faire confiance à qn.* .... *jdm. vertrauen*
  - *faire peur/mal/plaisir à qn.* .... *jdm. Angst machen/weh tun Freude machen*
  - *faire partie de qch.* .... *zu etw. gehören*

    Mais:

    (ne pas) avoir le temps .... *(keine) Zeit haben*
    avoir du temps libre .... *Freizeit haben*
    apprendre/comprendre/
    savoir le français .... *Französisch lernen/verstehen/können*

Grammaire

2 Les pronoms *en* et *y*

2.1 Quand dois-je utiliser le pronom *en*?

- pour remplacer un mot ou un groupe de mots introduit par la préposition *de*:
  - *Marie-Hélène est rentrée de Toronto?*
    Oui, elle ***en*** *est rentrée la semaine dernière.*
  - *Laurent parle souvent de son nouveau vélo.*
    Il ***en*** *parle sans cesse.*

- Le pronom *en* peut remplacer un objet introduit par *de* même si celui-ci désigne une personne.
  - *Il parle de ses anciens amis.*
    Il parle souvent d'eux.
    Il ***en*** *parle souvent.*

2.2 Quand dois-je utiliser le pronom *y*?

- pour remplacer un mot ou un groupe de mots introduit par les prépositions *à, sur, en* ou *dans*:
  - *Vous vous intéressez à l'art abstrait?*
    *Non, je ne m'****y*** *intéresse pas du tout.*
  - *Vous êtes allés en Espagne cet été?*
    Oui, nous ***y*** *sommes allés.*

- La pronom *y* ne peut pas remplacer un objet introduit par *à* lorsque celui-ci désigne une personne.
  - *Il pense à ses anciens amis.*
    Il pense souvent à eux.

- Après les verbes *donner à, demander à, devoir à, préférer à, reprocher à, ajouter à, ressembler à* on utilise *lui/leur* plutôt que *y* lorsque le complément est une chose.
  - *Avez-vous changé quelque chose à votre maison?*
    Oui, nous lui avons ajouté un balcon.

2.3 Le *en partitif*

- Pour remplacer une expression de quantité, on utilise le *en partitif*.
  - *Sa mère lui a donné de l'argent de poche. Il* ***en*** *a dépensé la moitié. (davon)*

- S'il est utilisé seul, il désigne dans une phrase affirmative une quantité indéfinie et dans une phrase négative une quantité zéro.
  - *J'ai des biscuits. Vous* ***en*** *voulez? (welche)*
  - *Je prendrais bien un autre biscuit. Désolé, il n'y* ***en*** *a plus. (keine mehr)*

- Le *en partitif* peut être accompagné d'une expression marquant la quantité.
  - *Il y a beaucoup d'enfants dans cette classe?*
    Oui, il y ***en*** *a beaucoup. Il y* ***en*** *a même trop.*
  - *Vous avez vu beaucoup de touristes à Paris?*
    Non, nous ***en*** *avons vu peu.*
  - *Vous avez des pêches? Oui, vous en voulez combien?*
    *J'****en*** *voudrais deux kilos s.v.p.*
  - *Tu as des CD de Patricia Kaas? Oui, j'****en*** *ai trois.*

- Contrairement à l'allemand, les expressions marquant la quantité, les pronoms indéfinis et les nombres ne peuvent à eux seuls assumer la fonction d'objet, c'est pourquoi ils doivent être accompagnés du *en partitif*.

3 Le pronom relatif

Le pronom relatif remplace un nom ou un pronom (l'antécédent) de la phrase principale dans la phrase relative qu'il introduit.

- *Je te présente mon amie Christine **que** j'ai rencontrée à Québec.*
  Je te présente mon amie Christine ***qui*** *est médecin.*

3.1 Quand dois-je utiliser *qui*?

- quand le pronom relatif occupe la fonction de sujet:
  - *Est-ce que je t'ai déjà parlé de mon ami Marc-André **qui** est architecte et **qui** habite à Québec?*
  - *Il demeure dans une superbe maison **qui** est située au bord du fleuve Saint-Laurent.*

3.2 Quand dois-je utiliser *que (qu')*?

- quand le pronom relatif occupe la fonction d'objet:
  - *Marc-André, **que** j'ai rencontré l'été dernier à Québec, est architecte.*
  - *Il y a terminé les études **qu'**il avait commencées en France.*
  - *Il demeure dans une superbe maison **que** j'ai eu la chance de voir lors de mon dernier séjour.*

L'antécédent de *qui* et *que* peut être masculin ou féminin, singulier ou pluriel. Il peut s'agir d'une chose ou d'une personne.

- si le référent est un pronom personnel, le verbe s'accorde alors en genre et en nombre avec celui-ci et non pas avec le pronom relatif comme en allemand:
  - *C'est moi **qui ai** cassé le vase.*
    Ich war derjenige, der die Vase kaputt gemacht hat.

Grammaire

3.3 Quand dois-je utiliser *lequel* ?

- Si le pronom relatif remplace un nom précédé d'une préposition, celle-ci doit accompagner le pronom. Si l'antécédent est une chose, on utilise le pronom *lequel (laquelle, lesquels, lesquelles, auquel, à laquelle, auxquels, auxquelles)*.
  - *Les sports **auxquels** elle s'intéresse sont tous très dangereux.*
  - *La chaise sur **laquelle** tu es assise appartenait à mon arrière-grand-mère.*
  - *Voici le dictionnaire avec **lequel** j'ai travaillé.*

- Si l'antécédent est une personne, on utilise alors le pronom *qui*.
  - *Les hommes à **qui** elle s'intéresse sont tous plus vieux qu'elle.*
  - *Les personnes sur **qui** on peut vraiment compter sont rares.*
  - *C'est une collègue avec **qui** je m'entends très bien.*

- Dans la langue soutenue, on retrouve aussi la forme appropriée de *lequel*.
  - *Les hommes **auxquels** elle s'intéresse sont tous plus vieux qu'elle.*

- Après les prépositions *entre* et *parmi* on utilise seulement *lequel*, même si l'antécédent est une personne.
  - *Les filles entre **lesquelles** Sébastien est assis sont mes cousines.*
  - *Les élèves de ma classe, parmi **lesquels** j'ai de très bons amis, sont tous très sympathiques.*

- Dans la langue écrite, on peut utiliser *lequel* et ses dérivés au lieu de *qui* afin de préciser la relation grammaticale.
  - *J'ai rencontré l'ami de ma cousine **qui** est dentiste. (ma cousine ou l'ami?)*
  - *J'ai rencontré l'ami de ma cousine, **laquelle** est dentiste. (ma cousine)*
  - *J'ai rencontré l'ami de ma cousine, **lequel** est dentiste. (l'ami de ma cousine)*

3.4 Quand dois-je utiliser *dont*?

- pour remplacer un complément de verbe introduit par *de* lorsque l'antécédent est une personne, une chose ou *quelqu'un, quelque chose, rien* ou *ce*:
  - *C'est le médecin* ***dont*** *je t'ai parlé. (Je t'ai parlé de ce médecin.)*
  - *C'est le livre* ***dont*** *je t'ai parlé. (Je t'ai parlé de ce livre.)*
  - *C'est quelqu'un* ***dont*** *on dit beaucoup de bien.*
    (On dit beaucoup de bien de cette personne.)
  - *Voilà quelque chose* ***dont*** *tu peux être très fière.*
    (Tu peux être fière de cela.)
  - *Ce* ***dont*** *vous avez besoin, c'est d'un bon bain.*
    (Vous avez besoin d'un bon bain.)

- pour remplacer un complément du nom (c'est aussi le cas quand l'antécédent est *quelqu'un* ou *quelque chose*):
  - *C'est un auteur* ***dont*** *j'ai lu tous les livres.*
    (les livres de cet auteur)
  - *Le Beaujolais est une région* ***dont*** *les vins sont célèbres.*
    (les vins du Beaujolais)

3.5 Quand dois-je utiliser *duquel, de laquelle, desquels, desquelles*?

- pour remplacer le complément d'un groupe prépositionnel introduit par *de*; si le complément est une personne, on peut le remplacer aussi par *de qui*:
  - *Voici l'homme pour l'amour* ***duquel*** *(de qui) elle s'est battue.*
    (pour l'amour de cet homme)
  - *Nous habitons une vieille ville au centre de* ***laquelle*** *il y a beaucoup de monuments historiques. (au centre de cette ville)*

- Les constructions relatives avec *duquel, de laquelle* etc. se traduisent en allemand par un *Genitiv*.
  - *… une vieille ville au centre de* ***laquelle*** *…*
    … eine alte Stadt in deren Mitte …

Grammaire

3.6 Quand dois-je utiliser *quoi* ?

- après une préposition, lorsque l'antécédent est *ce* ou un pronom indéfini comme *quelque chose, rien*:
  - *Il n'y a rien à* ***quoi*** *elle s'intéresse vraiment.*
  - *Ce à* ***quoi*** *je pense est un secret.*
- lorsqu'il se réfère à une phrase, dans des locutions comme *après quoi, sans quoi, faute de quoi*:
  - *Elle a déposé son fils chez la nourrice,* ***après quoi*** *elle est partie.*
  - *Prends tes médicaments,* ***sans quoi*** *ton rhume ne guérira jamais.*
  - *N'oublie pas d'emporter ton passeport,* ***faute de quoi*** *tu ne pourras prendre l'avion. (sonst)*

3.7 Quand dois-je utiliser le pronom relatif *où* ?

- pour introduire une phrase relative indiquant un lieu:
  - *Le Canada est le pays* ***où*** *je suis née, mais l'Allemagne le pays* ***où*** *je vis.*
- *Où* peut être précédé des prépositions *de, par* ou *jusque*, mais après les autres prépositions, on utilise *lequel*.
  - *Le pays* ***d'où*** *je viens ...*
  - *Le chemin* ***par où*** *nous sommes passés ...*
  - *La forêt* ***jusqu'où*** *ils se sont rendus ...*
  - *La forêt* ***vers laquelle*** *ils marchent ...*
  - *La table* ***sur laquelle*** *j'ai posé le livre ...*
- pour introduire une phrase relative comportant une indication de temps:
  - *Le jour* ***où*** *nous sommes arrivés à Paris, les transports en commun étaient en grève.*
  - *Elle se rappellera toujours le jour* ***où*** *il l'a quittée.*
- Pour rendre en français le *«wo»* allemand sans référent, on doit traduire par *là où*.
  - ***Là où*** *j'habite, c'est très calme. – Wo ich wohne, ist es sehr ruhig.*

Mais:

- *C'est **là que** je travaille. – Da arbeite ich.*
- *C'est l'entreprise **où** je travaille. – Es ist die Firma, in der ich arbeite.*

3.8 Quand dois-je utiliser *ce qui, ce que, ce dont, ce à quoi*?

- pour introduire une phrase relative sans antécédent, correspondant à la construction allemande *„was"* ou *„woran"* sans antécédent:
  - *J'ignore **ce qui** lui ferait plaisir, **ce qu**'il aimerait faire.*
  - *Ce **à quoi** il pense, est un secret pour tout le monde.*
  - ***Ce dont** il a besoin, c'est de l'attention.*

4 Le verbe et ses formes

4.1 Verbes en *-er*

Bien que tous les verbes en *-er* aient les mêmes terminaisons, c'est-à-dire *-e, -es, -e, -ons, -ez, -ent* et un participe passé en *-é*, certains d'entre eux présentent des particularités.

- Verbes en *-cer* du type *avancer*: Ces verbes ont la particularité de prendre une cédille sous le *c* devant les voyelles *a* et *o*.
  - *j'avance, tu avances, il avance, nous avan**ço**ns, vous avancez, ils avancent, j'avan**ça**is, en avan**ça**nt*

  Ainsi se conjuguent par exemple les verbes *annoncer, forcer, placer, commencer, menacer* et *prononcer*.
- Verbes en *-ger* du type *manger*: Ces verbes ont la particularité de conserver l'*e* après le *g* devant les voyelles *a* et *o*.
  - *je mange, tu manges, il mange, nous mang**eo**ns, vous mangez, ils mangent, en mang**ea**nt*

  Ainsi se conjuguent par exemple les verbes *diriger, nager, plonger, partager.*
- Verbes en *-uyer* et *-oyer* du type *s'ennuyer* et *employer*: Ces verbes ont la particularité de changer l'*y* du radical en *i* devant un *e* muet.
  - *je m'ennu**ie**, tu t'ennu**ie**s, il s'ennu**ie**, nous nous ennuyons, vous vous ennuyez, ils s'ennu**ie**nt, en s'ennuyant*

C'est le cas aussi des terminaisons du futur et du conditionnel:

- *je m'ennuierai, nous nous ennuierions*

On remarque la présence de l'*i* après le *y* aux deux premières personnes du pluriel à l'imparfait de l'indicatif et au présent du subjonctif: *nous emplo**yio**ns, que vous emplo**yie**z.*

Attention! Les verbes *envoyer* et *renvoyer* sont irréguliers au futur et au conditionnel: *j'enverrai, tu enverrais.*

Ainsi se conjuguent p. ex. les verbes *essuyer, appuyer, nettoyer.*

- Verbes en *-ayer* du type *payer*: Ces verbes ont la particularité de pouvoir soit maintenir le *y* à toutes les formes, soit changer le *y* en *i* devant un *e* muet des terminaisons *-e, -es, -ent, -erai, -erais.*
  - *je pa**i**e/je pa**y**e, tu pa**i**es/tu pa**y**es, il pa**i**e/il pa**y**e,*
    *nous pa**y**ons, vous pa**y**ez, ils pa**i**ent/ils pa**y**ent,*
    *je pa**i**erai/je pa**y**erai, tu pa**i**erais/tu pa**y**erais*

  On remarque la présence de l'*i* après le *y* aux deux premières personnes du pluriel à l'imparfait de l'indicatif et au présent du subjonctif: *nous pa**yi**ons, que vous pa**yi**ez.*

  Ainsi se conjuguent par exemple les verbes *effrayer* et *essayer.*

- Verbes en *-er* du type *acheter*: Ces verbes ont la particularité de changer l'*e* en *è* devant une syllabe muette.
  - *j'ach**è**te, tu ach**è**tes, il ach**è**te, nous achetons, vous achetez,*
    *ils ach**è**tent*

  Cette particularité se maintient aussi au futur simple et au conditionnel: *nous ach**è**terons, vous ach**è**teriez.*

  Ainsi se conjuguent par exemple les verbes *achever, geler, mener, emmener, amener, lever, enlever, peser.*

- Verbes en *-er* du type *appeler*: Ces verbes ont la particularité de doubler l'*l* ou le *t* devant un *e* muet, *y* compris devant les terminaisons du futur simple et du conditionnel.
  - *j'appe**ll**e, tu appe**ll**es, il appe**ll**e, nous appelons, vous appelez,*
    *ils appe**ll**ent, j'appe**ll**erai, nous appe**ll**erions*

  Ainsi se conjuguent par exemple les verbes *épeler, jeter, se rappeler, renouveler, projeter.*

- Verbes en *-er* du type *espérer*: Ces verbes ont la particularité de changer l'*é* en *è* devant une syllabe muette finale.
  - *j'esp**è**re, tu esp**è**res, il esp**è**re, nous espérons, vous espérez, ils esp**è**rent*

  Les verbes de ce groupe ont au futur simple et au conditionnel la particularité de s'écrire *pr**é**f**é**rerai, pr**é**f**é**rerais* bien que l'on prononce *pr**è**f**è**rerai, pr**é**f**è**rerais*. Cette orthographe est cependant aussi acceptée.

  Ainsi se conjuguent par exemple les verbes *céder, compléter, posséder, répéter, célébrer, régler, refléter.*

4.2 Verbes en *-ir*

Ces verbes ont la particularité d'avoir les terminaisons *-s, -s, -t* aux trois personnes du singulier du présent de l'indicatif, d'avoir deux radicaux au présent de l'indicatif et un participe passé se terminant par *i*.

- Verbes du type *finir*: Ce verbe a deux radicaux au présent de l'indicatif: singulier *fini-* et pluriel *finiss-*.
  - *je **fini**s, tu **fini**s, il **fini**t, nous **finiss**ons, vous **finiss**ez, ils **finiss**ent*

  Le futur simple et le conditionnel sont dérivés du radical singulier *fini-* : *je **fini**rai, tu **fini**rais.*

  Le subjonctif présent, l'imparfait et le gérondif sont dérivés du radical pluriel *finiss-*: *que je **finiss**e, tu **finiss**ais, en **finiss**ant.*

  Ainsi se conjuguent par exemple les verbes *grandir, réfléchir, réussir, choisir.*
- Verbes du type *dormir*: Ce verbe a deux radicaux au présent de l'indicatif: singulier *dor-* et pluriel *dorm-*.
  - *je **dor**s, tu **dor**s, il **dor**t, nous **dorm**ons, vous **dorm**ez, ils **dorm**ent*

  Toutes les autres formes sont dérivées du radical pluriel *-dorm*: *je **dorm**ais, je **dorm**irai, je **dorm**irais, que je **dorm**e, en **dorm**ant.*

  Ainsi se conjuguent par exemple les verbes *mentir, partir, servir, sentir, sortir.*

4.3 Verbes en *-dre* du type *entendre*

Ces verbes ont la particularité d'avoir deux radicaux au présent de l'indicatif qui ne se distinguent que par la prononciation de la consonne finale au pluriel *entend* – [ãtã] et *entend* – [ãtãd]. Au présent, les trois personnes du singulier se terminent par *-s, -s,* -__: *j'entends, tu entends, il entend, nous entendons, vous entendez, ils entendent.* Le participe passé de ces verbes se termine par *-u*: *entend**u***. Toutes les autres formes sont dérivées du radical pluriel: *j'**entend**ais, j'**entend**rai, que j'**entend**e, en **entend**ant*
Ainsi se conjuguent par exemple les verbes *défendre, descendre, apprendre, attendre, perdre.*

5 Les temps du verbe

5.1 A quoi sert l'opposition passé composé – imparfait ?

Si le temps grammatical situe l'événement par rapport au moment de parole du locuteur (ou bien par rapport à un autre événement dans le passé ou le futur), certaines formes expriment aussi la façon de voir le déroulement (Ablauf) de l'événement. On appelle cette dimension du verbe **l'aspect**.

Laurent lisait quand Marc-André est arrivé.

Dans cette phrase, un événement est présenté comme en plein déroulement (lisait) lorsqu' un autre se produit (est arrivé). L'imparfait (lisait) et le passé composé (est arrivé), deux temps du passé, nous montrent donc les événements sous deux aspects différents.

- L'imparfait présente l'événement dans son déroulement, en train de se produire, c'est-à-dire vu de l'intérieur. On ne voit ni le début ni la fin de l'événement.

- Le passé composé quant à lui, présente l'événement dans sa totalité, c'est-à-dire vu de l'extérieur. Le début ou la fin de l'événement, éventuellement même les deux, sont définis.

5.2 Formes: Comment se construit l'imparfait?

L'imparfait se construit à partir du radical de la première personne du pluriel de l'indicatif présent auquel on ajoute les terminaisons de l'imparfait.
Exemple: *acheter – nous **achet**ons: achet + -ais, -ais, -ait, -ions, -iez, -aient (j'achetais, tu achetais, il achetait, nous achetions, vous achetiez, ils achetaient);* exception: *être – j'**ét**ais*

5.3 Comment se construit le passé composé?

Le passé composé se construit avec l'auxiliaire *avoir* ou *être* et le participe passé.
On utilise **l'auxiliaire *avoir*** avec:

- les verbes *avoir* et *être*
- tous les verbes transitifs (avec un objet) sauf les verbes pronominaux
- la plupart des verbes intransitifs (sans objet), comme les verbes impersonnels *(pleuvoir, falloir, etc.)* et les verbes qui expriment un type de mouvement *(marcher, nager, etc.)*

On utilise **l'auxiliaire *être*** avec:

- tous les verbes pronominaux
- les verbes exprimant un déplacement, une direction (Bewegungsrichtung)
- les verbes *rester, naître, devenir, mourir, décéder*

5.4 Comment dois-je accorder le participe passé?

- On accorde le participe passé employé avec *être* en genre et en nombre avec le sujet du verbe.
  - ***Elle** est rentr**ée** de Montréal hier.*
  - *Comme **nous** sommes arriv**és** en retard, nous avons manqué le début du film.*

- On accorde le participe passé employé avec *avoir* en genre et en nombre avec le complément d'objet direct, si celui-ci est placé devant le verbe.
    - *Mes parents ont **pris** beaucoup de photos lors de leur voyage.*
    - *Les photos **que** mes parents ont pris**es** sont superbes.*
    - ***Combien de photos** tes parents ont-ils pris**es**?*
- Lorsque le participe passé est suivi d'un infinitif et que l'objet direct se rapporte à l'infinitif et non au participe, ce dernier est invariable.
    - *La sonate que j'ai entendu jouer.*
      (J'ai entendu quoi? Jouer. Jouer quoi? Une sonate.)
      Mais: *La pianiste que j'ai entendue jouer.*
      (J'ai entendu qui? La pianiste qui jouait.)

5.5 L'accord du participe passé des verbes pronominaux

- S'il n'y a pas d'objet direct dans la phrase, le pronom réfléchi assume alors cette fonction (si le verbe le permet). Comme celui-ci est placé devant le verbe, on accorde le participe passé.
    - *Elle s'est lavée.*
- Dans une phrase contenant un objet direct, le pronom réfléchi assume alors la fonction d'objet indirect. Si l'objet direct est placé après le verbe, le participe est invariable.
    - *Elle s'est lavé les mains.*
- Si toutefois l'objet direct est placé devant le verbe, on accorde celui-ci.
    - *Elle s'est acheté une robe.*
    - *La robe qu'elle s'est achetée ressemble beaucoup à la mienne.*

5.6 Emploi: Imparfait ou passé composé?

L'imparfait et le passé composé présentent les événements qui ont eu lieu dans le passé sous des aspects différents:

- On met au passé composé les événements qui font partie de la chaîne d'actions et qui s'enchaînent chronologiquement. Il permet de répondre à la question *Que s'est-il passé? Et ensuite? Et après?*

On dit que les événements au passé composé composent le premier plan (Vordergrund) du récit.

- On met à l'imparfait les verbes qui décrivent les circonstances, l'atmosphère entourant l'action. On dit que les verbes à l'imparfait dépeignent l'arrière-plan (Hintergrund) du récit. On l'utilise aussi pour décrire les personnages, leur état d'âme, leur comportement. L'imparfait est utilisé aussi pour exprimer une habitude ou une répétition de fréquence indéterminée *(souvent, régulièrement, tous les jours, ...)*.

Arrière-plan: imparfait	**Premier plan: passé composé**
	Dimanche dernier, je suis allé me promener dans le Vieux Québec.
Il y avait beaucoup de monde parce que c'était dimanche et qu'il faisait très beau. Beaucoup de gens faisaient des promenades avec leur chien.	
	Tout à coup, j'ai rencontré un ami
qui se promenait sur la terrasse Dufferin.	
	Nous avons décidé de marcher ensemble.
	Nous avons parlé de cinéma.
	Ensuite, il a proposé d'aller boire quelque chose dans un café.
car j'étais fatigué et j'avais un peu froid.	J'ai accepté tout de suite,

Au passé composé, l'événement étant vu en entier, du début jusqu'à sa fin, il est souvent introduit par une expression de temps qui met l'accent sur le début, la fin ou la totalité de l'événement.

- **début:** *tout à coup, soudain, alors, ensuite, après, à ce moment-là, à un moment donné, à x heures, dès que, aussitôt que, après que, une fois que*
- **totalité:** *toute la journée, toute la semaine, pendant x minutes, pendant x heures, durant x jours*
- **fin:** *jusqu'à x heures, jusqu'à ...*

Grammaire

Checkliste: *passé composé* oder *imparfait*?

Passé composé

- ☐ Ist das Ereignis Teil einer Handlungskette?
- ☐ Bekommt man eine Antwort auf die Fragen:
  Ist etwas passiert? Was ist passiert? Und dann?
- ☐ Handelt es sich um ein neu beginnendes Ereignis?
- ☐ Bezeichnet ein Zeitwort den Anfang des Ereignises?
  tout à coup, soudain, alors, ensuite, après, à ce moment-là, à un moment donné, à x heures, dès que, aussitôt que, après que, une fois que
- ☐ Bezeichnet ein Zeitwort das Ende des Ereignises?
  jusqu'à x heures, jusqu'à ...
- ☐ Bezeichnet ein Zeitwort die ganze Dauer des Ereignises?
  toute la journée, toute la semaine, pendant x minutes, pendant x heures, durant x jours

Imparfait

- ☐ Werden die Umstände, die Stimmung oder die Umgebung beschrieben? Bekommt man eine Antwort auf die Frage: *Wie war's?*
- ☐ Werden die Personen beschrieben? Kann man die Fragen *Wie waren sie? Wie fühlten sie sich?* beantworten?
- ☐ Befindet sich diese Handlung mitten in ihrem Verlauf?
- ☐ Wird dieser Verlauf durch ein Zeitwort ... *depuis* ..., ... *déja* ... oder *pendant que* ... bezeichnet?
- ☐ Handelt es sich um eine Gewohnheit, eine regelmäßig wiederholte Handlung? Wird diese durch Ausdrücke wie *régulièrement...*, *souvent...*, *habituellement, chaque jour, chaque été* etc... begleitet?
  Vorsicht! Ist die genaue Anzahl der Wiederholungen angegeben, z.B. *quatre fois* oder *plusieurs fois* wird das *passé composé* verwendet.

5.7 Pourquoi le passé simple?

Dans la littérature, un autre temps grammatical, le passé simple, est utilisé à la place du passé composé pour présenter dans sa totalité un événement se déroulant dans le passé. Le passé simple compose donc le premier plan, s'opposant ainsi à l'imparfait. Le passé simple s'utilise aujourd'hui presque seulement à l'écrit.

> [...] *Un jour, le fils du roi don**na** un bal. Il désirait se marier et voir à sa cour toutes les jeunes filles du pays. Les deux sœurs étaient tout excitées et Cendrillon **dut** les habiller et les coiffer, ce qu'elle **fit** à la perfection, car elle avait bon cœur.* [...]
>
> (D'après Cendrillon, de C. Perrault)

On reconnaît le passé simple aux terminaisons suivantes:

- verbes en -er: -ai, -as, -a, -âmes, -âtes, -èrent
- verbes en -ir (type *finir*): -is, -is, -it, -îmes, -îtes, -irent
- verbes en -oir: -us, -us, -ut, -ûmes, -ûtes, -urent
- verbe en -re: -is, -is, -it, -îmes, -îtes, -irent

Vorsicht!

Um literarische Texte zu verstehen, ist es meist ausreichend, wenn Sie die Formen des *passé simple* zumindest passiv erkennen.

Wichtig sind dabei vor allem die Formen der

- 3. Person im Singular *(-a, -it, -ut)*
- und der 3. Person im Plural *(-èrent, -irent, -urent)*.

6 L'adjectif

6.1 Que dois-je retenir au sujet de l'accord de l'adjectif?

- L'adjectif s'accorde en genre et en nombre avec le nom auquel il se rapporte, qu'il soit en fonction épithète ou attribut.
  - *Ils habitent une grand**e** maison. Leur maison est grand**e**.*

- Si l'adjectif se rapporte à deux noms, dont un masculin et un féminin, le masculin l'emporte toujours.
  - *Il a acheté une chemise et un pantalon bleu**s**.*

- Les adjectifs de couleur composés *(bleu foncé, vert forêt, jaune pâle etc. ...)* et les noms utilisés comme couleur *(abricot, orange, olive, argent, cerise, turquoise, tangerine etc. ...)* sont invariables.
  - *Elle porte un pull bleu marine, une jupe gris foncé et des chaussures rouge cerise.*
  - *Nous avons réaménagé le salon: les murs sont or, les rideaux chocolat et les fauteuils paille.*

- Lorsque deux adjectifs se rapportent à un même nom au pluriel, ceux-ci ne prennent pas automatiquement la marque du pluriel.
  - *Des étudiantes françaises et canadiennes*

  ⇒ *Des étudiantes françaises et des étudiantes canadiennes*
  - *Les ambassades française et canadienne*

  ⇒ *L'ambassade française et l'ambassade canadienne*

6.2 Que dois-je retenir au sujet de la place de l'adjectif?

- Alors qu'en général l'adjectif se place après le nom, certains adjectifs fréquents et courts se placent devant le nom: *petit, grand, gros, court, long, bref, beau, joli, bon, mauvais, vieux.*

- Certains adjectifs *(ancien, nouveau, pauvre, propre, seul, triste, drôle etc. ...)* changent de sens selon qu'ils sont placés avant ou après le nom. Pour en vérifier le sens, on consulte son dictionnaire.

- *Je n'ai jamais revu mon ancienne école. (ehemalig)*
- *Il collectionne les livres anciens. (sehr alt)*

6.3 Que dois-je retenir de la comparaison de l'adjectif?

- De façon générale, on construit la comparaison à l'aide des expressions *plus … que, moins … que, aussi … que* et le superlatif à l'aide des expressions *le, la, les plus …* ou *le, la, les moins …*

- Certains adjectifs cependant construisent la comparaison et le superlatif de façon irrégulière.
  - *bon, bonne ⇒ meilleur(e), le (la) meilleur(e)*
  - *petit(e)* construit la comparaison de façon régulière dans le sens *klein*, mais de façon irrégulière dans le sens *gering ⇒ moindre, le (la) moindre*
  - *mauvais(e)* construit la comparaison de façon régulière dans le sens *schlecht*, mais de façon irrégulière dans le sens *schlimm ⇒ pire, le (la) pire*

7 Les formes en *-ant*: le gérondif, le participe présent et l'adjectif verbal

7.1 Comment se construisent les formes en *-ant*?

Le participe présent et le gérondif de presque tous les verbes se construisent à partir de la première personne du pluriel du présent de l'indicatif.

- *nous **appel**ons – (en) **appel**ant*
- *nous **finiss**ons – (en) **finiss**ant*
- *nous **attend**ons – (en) **attend**ant*
- *nous **fais**ons – (en) **fais**ant*

Exceptions: *être – **étant**, avoir – **ayant**, savoir – **sachant***

7.2 Quelles sont les particularités du gérondif?

Le gérondif remplace un complément circonstanciel dont le sujet est le même que celui de la principale. Il est invariable et il peut, tout comme le verbe conjugué, être suivi d'un complément. De plus, comme il ne comporte pas d'indications temporelles, il peut être combiné à des verbes à tous les temps. Le gérondif s'emploie aussi bien à l'oral qu'à l'écrit.

7.3 Quand dois-je utiliser le gérondif?

- pour remplacer une phrase complément circonstanciel de **temps**, pour indiquer que deux actions se passent au même moment:
  - ***En regardant** ces vieilles photos, elle pense à son enfance.*
    – Quand elle regarde ces vieilles photos, elle pense à son enfance.

- L'adverbe *tout* peut venir renforcer l'idée de **simultanéité**, surtout lorsqu'il s'agit d'actions simultanées qui ne vont pas nécessairement ensemble.
  - *Elle fait des études à l'université **tout** en s'entraînant comme nageuse pour les prochains Jeux olympiques.*
    *(Sie studiert … und trainiert **dabei** …)*

Cette construction peut dans certains cas exprimer une **concession**:

- *Mon frère fait des études d'allemand* ***tout*** *en sachant qu'il n'a aucun talent pour les langues.*
  (... studiert ..., ***obwohl*** *er weiß ...)*

- pour remplacer une phrase **conditionnelle** introduite par *si*:
  - *En partant maintenant, vous arriverez avant la nuit.*
    Si vous partez maintenant, vous arriverez avant la nuit.

- pour remplacer un complément circonstanciel exprimant **la manière**:
  - *Elle est devenue championne olympique en pratiquant tous les jours. (...* ***indem*** *sie jeden Tag trainiert hat./ ...* ***durch*** *tägliches Trainieren.)*

Grammaire

7.4 Quelles sont les particularités du participe présent?

Le participe présent, tout comme le gérondif, est intemporel et invariable. Le sujet du participe présent et celui du verbe de la principale sont identiques, comme c'est le cas pour le gérondif. Contrairement au gérondif, **le participe présent doit être suivi d'un complément**. De plus, il s'emploie essentiellement à l'écrit.

7.5 Quand dois-je utiliser le participe présent?

- pour remplacer une subordonnée complément circonstanciel exprimant la **cause**, la **simultanéité**, la **manière**, la **concession** ou la **condition**:
  - *Ne* ***sachant*** *pas nager, il refusa de venir à la piscine avec nous.*
    Comme il ne savait pas nager, ... (cause)
  - ***Regardant*** *le vieil album de photos, nous parlions de nos souvenirs d'enfance.*
    Quand nous regardions le vieil album de photos, ... (simultanéité)
  - *Ils se préparaient à la naissance de leur fille,* ***repeignant*** *la chambre d'amis en rose.* (manière)

- *Les jeunes commettent des crimes, sachant pourtant qu'ils en seront punis.*
  Les jeunes ..., bien qu'ils sachent ... (concession)
- *Etant plus attentif en classe, tu aurais de meilleures notes.*
  Si tu étais plus attentif ... (condition)

- pour remplacer une phrase relative introduite par *qui* se rapportant au sujet ou à l'objet:
  - *L'homme **portant** un chapeau noir a quitté les lieux du crime vers 19 heures 15.*
  - *Un témoin a vu un homme **quittant** (qui quittait/quitter) la maison de la victime peu après 15 heures.*

  Ce dernier emploi du participe présent est peu fréquent. Il se retrouve surtout à l'écrit et se construit essentiellement avec des verbes comme *voir, découvrir, surprendre, (re)trouver et rencontrer.*

Vorsicht!

J'ai vu un homme suspect	***sortant***	*de la banque.*
	qui sortait	*de la banque.*

*– Ich habe einen Verdächtigen gesehen, **der** aus der Bank kam.*

J'ai vu un homme suspect	***en sortant***	*de la banque.*
	quand je suis sorti	*de la banque.*

*– Ich habe einen Verdächtigen gesehen, **als ich** aus der Bank kam.*

7.6 Quand dois-je utiliser l'adjectif verbal?

- L'adjectif verbal peut être utilisé comme n'importe quel autre adjectif. Comme celui-ci, il s'accorde en genre et en nombre avec le nom auquel il se rapporte.
  - *Québec est vraiment une ville **fascinante**.*
  - *Le Canada est un pays **fascinant**.*
  - *Ces livres sont **fascinants**.*

- Contrairement au participe présent ou au gérondif, l'adjectif verbal n'a pas de complément d'objet ou circonstanciel. Il peut cependant être suivi d'un groupe prépositionnel.
  - *Québec est une ville **fascinante** pour les amateurs d'histoire.* (adjectif verbal)
  - *Québec est une ville **fascinant** les amateurs d'histoire.* (participe présent)

Vorsicht!

Nicht alle Verben haben ein zugehöriges *adjectif verbal*. Sie sollten nicht vergessen, in einem Wörterbuch nachzusehen, in dem jedes *adjectif verbal* eigens aufgeführt ist.

Prüfen Sie auch, ob es **Bedeutungsunterschiede** zwischen *adjectiv verbal* und *participe présent* gibt:

- *un médecin **traitant** un patient (behandelnd)*
- *un **médecin traitant** (ein Hausarzt)*

Manchmal gibt es für *participe présent* und *adjectif verbal* **unterschiedliche Schreibweisen**:

- *un père néglig**ent** (adjectif verbal)*
- *un père néglig**eant** ses enfants (participe présent)*

8 Le discours indirect

8.1 Quand utilise-t-on le discours indirect?

- pour rapporter les paroles de quelqu'un, non pas textuellement (discours direct), mais en les modifiant pour les insérer dans une nouvelle phrase:
  - *Alexandra dit: « Je vais faire des études à Montréal. »* (discours direct)
    ⇒ *Alexandra dit qu'elle va faire des études à Montréal.* (discours indirect)

8.2 Comment se construit le discours indirect?

Les paroles rapportées sont introduites par un verbe comme *dire, demander, répondre, répéter, insister, raconter, déclarer, ordonner, avouer, révéler,* etc. et précédées de

- **que** lorsqu'il s'agit d'une **affirmation**:
  - *Il dit: « Je n'ai pas le temps. »*
    ⇒ *Il dit **qu**'il n'a pas le temps.*

- **si** ou d'un **mot interrogatif** lorsqu'il s'agit d'une **question**:
  - *Il lui demande: « Voulez-vous du thé? »*
    ⇒ *Il lui demande **si** elle veut du thé.*
  - *Elle lui demande: « Pourquoi es-tu en retard? »*
    ⇒ *Elle lui demande **pourquoi** il est (arrivé) en retard.*

  Attention! Il n'y a pas d'inversion dans l'interrogation indirecte.
  - *Elle lui demande pourquoi ~~**est-il**~~ si fatigué.* (Falsch!)
  - *Elle lui demande pourquoi **il est** si fatigué.*

- **de + infinitif** lorsqu'il s'agit d'un **ordre**:
  - *Elle leur dit: « Allez tout de suite au lit! »*
    ⇒ *Elle leur dit **d'aller** tout de suite au lit.*
  - *Elle leur ordonne: « Rangez votre chambre! »*
    ⇒ *Elle leur ordonne **de ranger** leur chambre.*

8.3 Quels changements dois-je observer quand je passe du style direct au style indirect?

Changements de personnes

- Tous les éléments concernant **celui qui parle** sont à la 1ère personne.
  - *J'ai dit: « Mon père est très malade. »*
    ⇒ ***J'****ai dit que* ***mon*** *père était très malade.*
  - *Frédéric m'a dit: « Je t'aime. »*
    ⇒ *Frédéric* ***m'****a dit qu'il* ***m'****aimait.*

- Tous les éléments concernant la personne **à qui l'on parle** sont à la 2ème personne.
  - *Tu as dit: « Mon père est très malade. »*
    ⇒ ***Tu*** *as dit que* ***ton*** *père était très malade.*
  - *Frédéric t'a dit: « Je t'aime. »*
    ⇒ *Frédéric* ***t'****a dit qu'il* ***t'****aimait.*

- Tous les éléments concernant la personne **dont on parle** sont à la 3ème personne.
  - *Frédéric a dit: « Mon père est très malade. »*
    ⇒ *Frédéric a dit que* ***son*** *père était très malade.*
  - *Frédéric a dit à Mathilde: « Je t'aime. »*
    ⇒ *Frédéric a dit à Mathilde qu'il* ***l'****aimait.*

Changements de lieux

Les indications nous informant sur les lieux **ne changent pas** lorsqu'on passe du style direct au style indirect.
Seule exception: *ici* ⇒ *là-bas*

- *Carole écrit à sa sœur: « Je suis arrivée à Nice. Il fait très beau* ***ici****. »*
  ⇒ *Carole écrit à sa sœur qu'elle est arrivée à Nice et qu'il fait très beau* ***là-bas****.*

Grammaire

Changements dans les indications de temps

Si le moment où les paroles ont été prononcées se réfère à un espace dans le temps différent de celui où les paroles ont été rapportées, il y a un écart et donc un changement dans les indications de temps.

- *Après leur arrivée à Paris, Anthony avait dit: «Nous visiterons le Louvre* ***demain.****»*
  ⇒ *Après leur arrivée à Paris, Anthony avait dit qu'ils visiteraient le Louvre* ***le lendemain****.*

Référent = moment de parole		**Référent ≠ moment de parole**
mardi	⇒	le mardi suivant
ce matin/ce soir	⇒	ce matin-là/ce soir-là le matin/le soir même
la semaine dernière	⇒	la semaine précédente/d'avant
l'année prochaine	⇒	l'année suivante/d'après
aujourd'hui	⇒	ce jour-là, le jour même
hier	⇒	la veille
hier matin/soir	⇒	la veille au matin/au soir
avant-hier	⇒	l'avant-veille
demain	⇒	le lendemain
après-demain	⇒	le surlendemain

La concordance des temps

- Lorsque le verbe qui introduit le style indirect n'est **pas au passé**, on garde **les mêmes temps** qu'au style direct.
  - *Véronique **dit:** «J'**ai fait** un beau voyage.»*
    *⇒ Véronique **dit** qu'elle **a fait** un beau voyage.*
  - *Sylvieanne **dit:** «Je **terminerai** bientôt mes études.»*
    *⇒ Sylvieanne **dit** qu'elle **terminera** bientôt ses études.*

- Si, toutefois, le verbe qui introduit les paroles est **au passé**, il doit y avoir la **concordance des temps**.
  - *Stéphanie **a dit:** «**J'aime** beaucoup le dernier CD des Cowboys fringants.»*
    *⇒ Stéphanie **a dit** qu'**elle aimait** beaucoup le dernier CD des Cowboys fringants.*
  - *Andréanne **avait dit:** «Il **faisait** très beau à Québec.»*
    *⇒ Andréanne **avait dit** qu'il **faisait** très beau à Québec.*
  - *Louise **a dit:** «**Je terminerai** bientôt mes études.»*
    *⇒ Louise **a dit** qu'**elle terminerait** bientôt ses études.*
  - *Linda **disait:** «**J'ai fait** un beau voyage.»*
    *⇒ Linda **disait** qu'**elle avait fait** un beau voyage.*

Zeitenfolge:

Steht das einleitende Verb in der Vergangenheit, ändern sich die Zeiten des abhängigen Satzes wie folgt:

Présent ⇒ Imparfait

Passé composé ⇒ Plus-que-parfait

Passé simple ⇒ Plus-que-parfait

Futur ⇒ Conditionnel

Bei *imparfait, plus-que-parfait* und *conditionnel* gibt es keine Tempusverschiebung.

9 Le subjonctif

9.1 Comment se construit le subjonctif?

Verbes réguliers

Les $1^{\text{ère}}$, $2^{\text{ème}}$ et $3^{\text{ème}}$ personnes du singulier ainsi que la $3^{\text{ème}}$ personne du pluriel se construisent à partir du radical de la $3^{\text{ème}}$ personne du pluriel de l'indicatif présent auquel on ajoute les terminaisons *-e, -es, -e, -ent.*

- *ils* ***emmèn****ent – que j'emmèn***e**
- *ils* ***jett****ent – que tu jett***es**
- *ils* ***nettoi****ent – qu'il nettoi***e**
- *ils* ***sort****ent – que je sort***e**
- *ils* ***réussiss****ent – que tu réussiss***es**
- *ils* ***attend****ent – qu'ils attend***ent**

Les $1^{\text{ère}}$ et $2^{\text{ème}}$ personnes du pluriel se construisent à partir du radical de la $1^{\text{ère}}$ personne du pluriel de l'indicatif présent auquel on ajoute les terminaisons *-ions, -iez.*

- *nous* ***emmen****ons – que nous emmen***ions**
- *nous* ***jet****ons – que vous jet***iez**
- *nous* ***nettoy****ons – que nous nettoy***ions**
- *nous* ***sort****ons – que vous sort***iez**
- *nous* ***réussiss****ons – que nous réussiss***ions**
- *nous* ***attend****ons – que vous attend***iez**

Verbes irréguliers

avoir	**être**	**aller**
que j'aie	que je sois	que j'aille
que tu aies	que tu sois	que tu ailles
qu'il ait	qu'il soit	qu'il aille
que nous ayons	que nous soyons	que nous allions
que vous ayez	que vous soyez	que vous alliez
qu'ils aient	qu'ils soient	qu'ils aillent

faire	pouvoir	savoir
que je fasse	que je puisse	que je sache
que tu fasses	que tu puisses	que tu saches
qu'il fasse	qu'il puisse	qu'il sache
que nous fassions	que nous puissions	que nous sachions
que vous fassiez	que vous puissiez	que vous sachiez
qu'ils fassent	qu'ils puissent	qu'ils sachent

vouloir
que je veuille
que tu veuilles
qu'il veuille
que nous voulions
que vous vouliez
qu'ils veuillent

9.2 Quand dois-je utiliser le subjonctif?

Alors que l'indicatif est le mode de la certitude, des faits, de la réalité, le subjonctif est le mode des sentiments, de l'interprétation, bref de la subjectivité.

Dans la plupart des cas, ce sont plutôt des éléments contraignants comme certains verbes, certaines expressions ou conjonctions ou bien le type de proposition qui en dictent l'usage. **Il est donc nécessaire de mémoriser ces verbes et expressions!**

- le subjonctif pour exprimer le doute:
  - *Je doute que vous* ***ayez*** *raison.*
  - *Il est douteux qu'il* ***ait*** *réussi l'examen.*

Bezweifeln

- ☐ douter .... bezweifeln
- ☐ contester .... bestreiten
- ☐ nier .... abstreiten
- ☐ il est douteux … .... es ist zweifelhaft …

- le subjonctif pour exprimer un sentiment ou un jugement de valeur:
  - *Je regrette que tu n'**aies** pas pu venir à la fête.*
  - *Nous craignons qu'il ne lui **soit** arrivé quelque chose de grave.*
  - *Cela lui déplaît que les enfants ne **fassent** pas ce qu'elle leur demande.*
  - *Je suis désolé que vous ne **puissiez** venir dîner ce soir.*
  - *Je trouve normal qu'on **punisse** les jeunes délinquants.*

Gefühlsäußerungen, Wertungen

- □ admirer que .... bewundern
- □ adorer que .... sehr gern mögen
- □ aimer que .... gern haben
- □ apprécier que .... zu schätzen wissen
- □ avoir honte que .... sich schämen
- □ avoir peur que .... Angst haben
- □ (ne pas) comprendre que .... (nicht) verstehen können
- □ craindre que (ne) .... fürchten
- □ déplorer que .... bedauern, beklagen
- □ détester que .... verabscheuen
- □ s'étonner que .... sich wundern
- □ s'indigner que .... sich entrüsten
- □ s'inquiéter que .... sich beunruhigen
- □ se moquer que .... darauf pfeifen
- □ regretter que .... bedauern
- □ se réjouir que .... sich freuen
- □ critiquer que .... kritisieren
- □ cela m'amuse que .... es amüsiert mich
- □ cela m'étonne que .... es erstaunt mich
- □ cela me gêne que .... es stört mich
- □ cela m'inquiète que .... es beunruhigt mich
- □ cela me plaît/déplaît que .... es gefällt/missfällt mir
- □ cela me rassure que .... es beruhigt mich
- □ cela me surprend que .... es überrascht mich
- □ il se peut que .... es ist möglich
- □ trouver + adjectif + que .... es ...finden, dass ...

Aber Vorsicht: espérer que (hoffen) + **indicatif**:
J'espère qu'il n'oubliera pas notre rendez-vous.

Grammaire

- le subjonctif pour **exprimer la volonté** (le souhait, le désir, l'ordre, la permission, l'interdiction):
  - *Ma grand-mère veut que j'**aille** lui rendre visite.*
  - *Mon père exige que nous **soyons** à la maison à 22 heures.*
  - *Le prof permet que nous **fassions** le devoir en équipe.*
  - *Mon père n'accepte pas que je **sorte** les soirs de semaine.*
  - *Je propose que nous **allions** au cinéma ce week-end.*
  - *Ce prof refuse que les élèves **aillent** aux WC pendant le cours.*

Willensäußerungen

- ☐ accepter que .... akzeptieren
- ☐ être d'accord pour que .... einverstanden sein
- ☐ j'aimerais que .... ich möchte
- ☐ aimer mieux que, préférer que ..... vorziehen, lieber haben
- ☐ approuver que .... gutheißen
- ☐ autoriser que .... genehmigen
- ☐ défendre que .... verbieten
- ☐ demander que .... verlangen
- ☐ désapprouver que .... missbilligen
- ☐ désirer que, souhaiter que .... wünschen
- ☐ empêcher que .... verhindern
- ☐ exiger que .... (er)fordern, verlangen
- ☐ avoir envie que .... gern wollen, dass
- ☐ interdire que .... untersagen
- ☐ s'opposer à ce que .... dagegen sein
- ☐ ordonner que .... befehlen
- ☐ permettre que .... erlauben
- ☐ proposer que .... vorschlagen
- ☐ recommander que .... empfehlen
- ☐ supporter que .... ertragen
- ☐ tenir à ce que .... darauf Wert legen
- ☐ tolérer que .... ertragen
- ☐ refuser que .... ablehnen
- ☐ vouloir que .... wollen

Auf die Subjekte achten!

Unterschiedliche Subjekte: *que + subjonctif*

Identische Subjekte: *infinitif*

*Ma grand-mère **veut que j'aille** lui rendre visite.*

*Je **veux aller** rendre visite à ma grand-mère.*

Grammaire

- **Souhait ou réalité?** On emploie le subjonctif dans une phrase relative lorsque celle-ci exprime une qualité recherchée ou supposée d'une personne ou d'une chose. Ce type de construction est souvent introduit par un verbe ou une expression exprimant le souhait ou la supposition comme *chercher, rêver de, avoir besoin de, imaginer, je voudrais, j'aimerais …*
  - *Nous cherchons un hôtel qui* ***soit*** *situé au bord de la mer.* *(Das wünschen wir uns, wir wissen aber nicht, ob es so ein Hotel gibt.)*
  - *Notre entreprise a besoin d'une secrétaire qui* ***sache*** *parler l'allemand.*

  Cependant, on emploie l'indicatif lorsque la relative exprime une qualité connue d'une personne ou d'une chose:
  - Je *connais un joli petit hôtel qui* ***est*** *situé au bord de la mer.* (Das Hotel gibt es tatsächlich!)
  - *Notre entreprise a embauché une secrétaire qui* ***sait*** *parler l'allemand.*

Il (me) semble; il (me) paraît

Bei **Zustimmung** kann nach *il semble* der *subjonctif* **oder** der *indicatif* stehen. Nach *il me semble* oder *il (me) paraît* steht aber immer der *infinitif*.
- *Il semble qu'il soit/est malade.*
- *Il* ***me*** *semble qu'il a besoin de repos.*
- *Il paraît qu'il est malade.*
- *Il me paraît qu'il a besoin de repos.*

Bei **Verneinung oder Fragesatz** wird immer der ***subjonctif*** verwendet:
- *Vous semble-t-il qu'il soit malade?*
- *Il ne me paraît pas qu'il ait besoin de repos.*
- *Il ne me semble pas que nous devions nous inquiéter.*

- le subjonctif après les **verbes exprimant l'opinion**:

  Les verbes exprimant l'opinion comme *penser* et *croire* ne sont pas suivis automatiquement du subjonctif. C'est plutôt le contexte linguistique, c'est-à-dire la forme de la phrase introductrice qui détermine l'emploi du mode dans la subordonnée.

  Si la phrase introductrice est **affirmative**, le mode de la subordonnée sera l'**indicatif**.

  - *Je crois/Je pense qu'il* ***viendra*** *ce soir.*

  Si la phrase introductrice est **négative**, le mode de la subordonnée sera le **subjonctif**.

  - *Je ne crois pas/Je ne pense pas qu'il* ***vienne*** *ce soir.*

  Si la prase introductrice est **interrogative**, on met le verbe de la subordonnée dans la plupart des cas à l'**indicatif**, mais on peut le mettre aussi au **subjonctif**.

  - *Croyez-vous/Pensez-vous qu'il* ***viendra****/qu'il* ***vienne*** *ce soir?*

  Selon le **contexte linguistique** décrit plus haut, ces verbes et expressions peuvent être suivis de l'**indicatif ou** du **subjonctif**:

Je nach Kontext *subjonctif* oder *indicatif*

- ☐ croire que .... glauben
- ☐ estimer que/juger que .... meinen
- ☐ penser que .... denken
- ☐ présumer que .... vermuten
- ☐ trouver que .... finden, meinen
- ☐ être d'avis que .... der Meinung sein
- ☐ être convaincu/persuadé que ...... überzeugt sein
- ☐ être sûr/certain que .... sicher sein

Grammaire

- le subjonctif après une **conjonction**:
  les conjonctions suivantes déclenchent automatiquement le subjonctif

Konjunktionen mit *subjonctif*

Expression du temps (Zeit)

- ☐ avant que .... bevor
- ☐ jusqu'à ce que .... (solange) bis
- ☐ en attendant que .... (in der Zeit) bis

Expression de la cause (Grund)

- ☐ ce n'est pas que ..., mais ... . nicht etwa, dass ... sondern

Expression du but (Ziel, Absicht)

- ☐ de sorte que .... sodass
- ☐ de manière que .... sodass
- ☐ de façon que .... sodass
- ☐ pour que .... damit
- ☐ afin que .... damit
- ☐ de peur que ...(ne) .... damit nicht
- ☐ de crainte que ... (ne) .... damit nicht

Expression de la concession (Zugeständnis/Einräumung)

- ☐ quoique .... obwohl
- ☐ bien que .... obwohl
- ☐ malgré que .... obwohl

Expression de la condition (Bedingung)

- ☐ à condition que .... unter der Bedingung, dass
- ☐ pourvu que .... vorausgesetzt, dass

Expression de la conséquence (Folge)

- ☐ sans que .... ohne dass

Expression de l'hypothèse (Annahme)

- ☐ supposé que .... angenommen, dass
- ☐ à moins que ... (ne) .... es sei denn, dass

- On emploie le subjonctif dans une phrase relative lorsque celle-ci est introduite par une **expression superlative** comme *un des plus, un des rares, le premier, le dernier, le seul, l'unique* ou une **expression de négation restrictive** comme *ne … pas une seule, ne … aucun, ne … que.*
  - *C'est le meilleur film que j'**aie** jamais vu.*
  - *A mon avis, c'est la seule actrice qui **puisse** jouer ce rôle.*
  - *Parmi les candidats, il n'y en a aucun qui **fasse** l'affaire.*
  - *Il n'y a que ma mère qui **puisse** me comprendre.*

Checkliste zum *subjonctif*

Diese *subjonctif*-Auslöser muss man sich merken!

- Verbes et expressions du doute
- Verbes et expressions de la volonté *(souhait, désir, ordre, permission, interdiction)*
- Verbes et expressions du sentiment et du jugement de valeur
- Phrase relative exprimant une qualité recherchée, souhaitée
- Phrase négative (ou interrogative) contenant un verbe d'opinion
- Expressions superlatives ou négatives restrictives
- Certaines conjonctions

Verwechseln Sie nicht den deutschen Konjunktiv (der vor allem in der indirekten Rede verwendet wird) mit dem französischen *subjonctif*!

- *Alain sagt, er **habe** viel zu tun.*
  *Alain dit qu'il **a** beaucoup de travail.*

Civilisation

1 Paris et les régions

1.1 L'Ile-de-France: Paris et son agglomération

L'**Ile-de-France** est à la fois une **région** et la plus grande **agglomération** d'Europe avec plus de 11 millions d'habitants, dont près de 2,5 millions à Paris. Elle comprend bien sûr **Paris** avec ses **vingt arrondissements,** mais aussi **la banlieue** qu'on appelle aussi **petite couronne** et dont font partie trois départements: la Seine-Saint-Denis, les Hauts-de-Seine et le Val-de-Marne. A cela s'ajoute la **région parisienne** appelée aussi **la grande couronne** qui se compose de quatre départements: le Val-d'Oise, les Yvelines, la Seine-et-Marne et l'Essonne.

Bien que la tendance soit à la **régionalisation**, l'**Ile-de-France** continue à jouer un rôle déterminant dans la **politique**, l'**économie** et la **société françaises**. Presque **tous les pouvoirs** sont concentrés dans la capitale: la **Présidence de la République**, le **Gouvernement**, le **Parlement** et les grandes administrations des **services publiques** y siègent.

L'Ile-de-France réunit aussi l'essentiel de l'**activité intellectuelle, culturelle** et **scientifique** du pays. Paris abrite des **universités** célèbres comme la **Sorbonne** dans le Quartier latin, des **Grandes Ecoles**, des académies et des **instituts de recherche** de renommée internationale. On y compte aussi plusieurs grands **théâtres** (comme la **Comédie Française**) et de prestigieux **musées** (le **Louvre**, le musée **d'Orsay**, par exemple). Tous ces attraits font de la région la première destination touristique au monde.

L'agglomération parisienne est une région privilégiée par une grande partie de la population active, car on y trouve plus d'emploi qu'en province. Par conséquent, le chômage y est moins élevé.

Toutefois, comme toute médaille a son revers, Paris connaît son lot de **problèmes**. Comme la vie y est chère, il est difficile de trouver un

loyer abordable. Vue la concentration d'emplois à Paris, les migrations entre la capitale et ses banlieues sont un phénomème quotidien. Il en découle un grave problème de **circulation** et par le fait même de **pollution**, surtout lorsque la RATP (la régie autonome des transports parisiens) est en grève, ce qui est assez fréquent à Paris.

1.2 Le problème des banlieues

Le coût de la vie y étant cher, nombreux sont ceux qui délaissent les villes centres pour les **cités dortoirs** des **banlieues** où ils sont logés dans des **HLM,** ces habitations à loyer modéré *(Sozialwohnung)*, qui pour la plupart ont été construites dans les années 60 et 70. Ces cités se démarquent par la sérilité et l'anonymat de leurs constructions en béton.

Les banlieues sont stigmatisées. On en parle souvent en utilisant les mots **chômage, violence, délinquance juvénile, bandes, immigrés** et même **ghettos**. On ne peut pas nier le phénomème des **bandes** où l'on recrute des **adolescents** de plus en plus tôt pour les entraîner dans la **délinquance**. Ils prennent part à des dégradations, commettent des vols, des agressions ou trafiquent de la drogue. Dans les cités de banlieues, les rixes entre bandes rivalisantes sont très courantes. Dans certains quartiers sensibles qu'on appelle aussi « à risques », les policiers n'osent parfois plus mettre les pieds.

Qu'il y ait un problème, ne fait pas de doute. Il est vrai qu'on y retrouve beaucoup de familles d'immigrés et que celles-ci sont particulièrement touchées par le chômage. On aurait tort toutefois de voir les « blacks et les beurs » comme la source du problème, ce que font trop souvent certains partis de droite. Mais où trouver les raisons et surtout les solutions? Voilà une question à laquelle il n'est pas si facile de répondre. Les jeunes manquent-ils de vision ou d'espoir face à leur avenir? Sont-ils discriminés, stigmatisés, isolés? Cherchent-ils simplement à s'affirmer? Les parents négligeraient-ils de prendre leurs responsabilités? Doit-on punir ou peut-être plutôt aider? Exclure ou intégrer?

1.3 Centralisation et décentralisation

La République française se compose de la **métropole** (divisée en **22 régions** et **96 départements**), de **quatre départements d'outre-mer**, les DOM, ainsi de que **quatre territoires d'outre-mer**, les TOM. Bien que la France ait connu une longue **tradition centralisatrice**, l'administration territoriale a beaucoup évolué au cours des vingt dernières années soit **depuis les lois de 1982 sur la décentralisation**. La France compte aujourd'hui **quatre niveaux d'administration territoriale**: **Etat, région, département, commune**.

Les lois de **décentralisation** (particulièrement celle de 1982) ont pour objectif de donner plus de poids politique aux régions, en leur accordant plus de compétences. Chaque **collectivité territoriale** (Gebietskörperschaft) est dotée d'un **pouvoir exécutif** et d'une **assemblée de représentants élus** dans le cadre de son territoire. De plus, chacune de ces collectivités compte un **représentant de l'Etat**: le **maire** dans la **commune**, le **préfet de département** (secondé par le sous-préfet au sein de l'arrondissement) et le **préfet de région**.

Néanmoins, en dépit de cette réforme, l'influence de Paris reste très importante dans bien des domaines.

Civilisation

La commune

Cette collectivité territoriale, la plus petite circonscription administrative *(Verwaltungsbezirk)*, est le centre de gestion des intérêts propres de ses habitants. On compte aujourd'hui 36 000 communes en France. Les citoyens élisent des **conseillers municipaux** pour un mandat de six ans lors d'élections municipales. C'est le **conseil municipal** qui nomme ensuite le **maire**. Celui-ci est l'éxecutif de la commune qu'il représente et dont il gère le budget. Il est l'employeur du personnel communal et exerce les compétences de proximité (écoles, urbanismes, action sociale, voirie, transports scolaires, ramassage des ordures etc.). Il est aussi le représentant de l'Etat pour les fonctions d'état civil (c'est lui qui célèbre les mariages), d'ordre public, d'organisation des élections et de délivrance de titres réglementaires.

Le département

La France est divisée en 100 départements, dont quatre départements d'outre-mer (DOM). Le département est une division administrative du territoire et à ce titre le siège d'administrations déconcentrées de l'Etat. Le représentant de l'Etat est le **préfet** du département. Le département est aussi une collectivité territoriale qui est administrée par un **conseil général** élu pour six ans au suffrage universel. Le conseil général élit à son tour un **président** qui prépare et exécute les délibérations du conseil général, gère le budget, dirige le personnel et représente le département en justice: il exerce le pouvoir de police sur le domaine départemental. Les compétences du département comprennent, entre autres l'action sociale, la construction et l'entretien des collèges, le remembrement rural.

La région

On compte en France 25 régions dont quatre d'outre-mer. A cela s'ajoute la collectivité territoriale de Corse à laquelle le Parlement a octroyé en 2000 une nouvelle autonomie avec des compétences plus élargies, concernant entre autres l'aménagement du territoire, le développement économique et l'éducation. La région est une structure relativement récente de l'administration locale française: elle est devenue collectivité territoriale à la suite des **lois de décentralisation** de 1986, année où les premiers **conseillers régionaux** ont été élus au suffrage universel. Ce sont les conseillers régionaux qui élisent le **président du conseil régional** qui à son tour dirige le personnel et conduit la politique de la région. Les régions sont aujourd'hui responsables de l'aménagement du territoire, du développement économique et de l'emploi, de la formation professionnelle, des établissements scolaires (construction et entretien des lycées), des institutions culturelles et des services sociaux.

1.4 Les DOM-TOM

Les **DOM** sont des **départements d'outre-mer**. La France en compte quatre: la Martinique (Antilles), la Guadeloupe (Antilles), la Réunion (océan Indien), la Guyane (Amérique du Sud). La loi du 31 décembre

1982 a par ailleurs fait de ces territoires des **régions monodépartementales**. Ils disposent donc, en plus d'un conseil général comme tout département français, d'un conseil régional.

On appelle **TOM les territoires d'outre-mer** qui sont au nombre de cinq: Polynésie française (Océanie), Wallis-et-Futuna (Océanie), Mayotte (océan Indien), Saint-Pierre-et-Miquelon (Amérique du Nord) et la Nouvelle-Calédonie (Océanie). Ces territoires procurent aujourd'hui à la France l'intérêt stratégique d'une présence sur tous les océans, faisant d'elle le troisième domaine maritime du monde.

Les DOM-TOM sont les **vestiges de l'empire colonial français**. La Martinique, la Guadeloupe et la Réunion par exemple sont d'anciennes îles à sucre. La **départementalisation** en 1946 **et** la **régionalisation** en 1982 ont permis l'**assimilation de ces vieilles colonies** au territoire national et ont eu pour résultat la **réduction des inégalités issues de la colonisation**, à l'aide d'investissements dans le domaine social, de travaux d'infrastructure, etc. Le tout a cependant provoqué l'**émergence d'une économie de services et de soutien** ne favorisant malheureusement pas la création d'emplois dans les domaines primaire et secondaire. Par conséquent, les collectivités territoriales d'outre-mer sont **confrontées à un taux de chômage très élevé**. A cela s'ajoute de nombreux emplois précaires non qualifiés et un faible niveau de qualification moyen des natifs.
Dans tous ces territoires, la **population** se compose d'**autochtones** (87 % en moyenne), de **Français métropolitains** et d'**étrangers**. La **langue française** est un **moteur important d'intégration**. Elle **cohabite** avec des **parlers créoles** et d'autres **dialectes**. La réforme constitutionnelle de 2003 a modifié **le statut** des DOM-TOM en France. Depuis, les DOM sont devenus officiellement des DROM (Départements et régions d'outre-mer). Quant aux TOM, on les a redéfinis en deux groupes: les COM (Collectivités d'outre-mer), dont font partie Mayotte et Saint-Pierre-et-Miquelon, et les POM (Pays d'outre-mer), dont font partie la Polynésie française et la Nouvelle-Calédonie. Malgré tout, on utilise encore provisoirement les anciennes appelations lorsqu'on se réfère à ces régions et territoires d'outre-mer français.

2 La politique

2.1 La répartition du pouvoir

L'année **1958** a été marquée par le **retour** au pouvoir du **général de Gaulle**, qui a fait voter une **nouvelle Constitution**. Celle-ci devait renforçer le rôle du président de la République et donner au pays des institutions stables. Depuis l'adoption de la Constitution de 1958 (modifiée en 1962, puis en 2000), la France vit sous la **Ve République**, un régime parlementaire de type présidentiel qui pratique la **séparation des pouvoirs**:

- le **pouvoir législatif** établit les lois,
- le **pouvoir exécutif** les fait appliquer,
- le **pouvoir judiciaire** les fait respecter.

Le pouvoir exécutif

Le **président de la République** et le **gouvernement** se partagent le **pouvoir exécutif**.

Le **président de la République** est le **chef de l'Etat**. Il est élu au **suffrage universel direct** tous les cinq ans. Il réside au **Palais de l'Elysée**. C'est le président qui nomme **le Premier ministre**, choisi dans le parti qui a remporté les élections législatives, et préside le **Conseil des ministres**. Il **peut dissoudre l'Assemblée Nationale** et consulter la population directement par **référendum,** comme ce fut le cas avec le référendum sur la Constitution européenne de mai 2005. Il est **à la tête des armées** et conduit la **politique extérieure**.

L'ensemble des ministres avec à sa tête **le Premier ministre**, composent le **gouvernement**. Il est en charge de la **politique intérieure** du pays et est responsable devant le Parlement. C'est lui qui établit les projets et les propositions de lois. Il réside à **l'hôtel Matignon.**

La cohabitation

Il peut arriver qu'au cours de son mandat, le Président soit obligé de choisir un Premier ministre d'un parti politique opposé. On appelle cette coexistence entre la droite et la gauche au sommet de l'Etat **la cohabitation**: soit que le président est d'un parti de droite et le Premier ministre d'un parti de gauche, ou vice versa.

Le pouvoir législatif

Le pouvoir législatif est exercé par le **Parlement**.
Le Parlement comprend deux assemblées: **L'Assemblée nationale** et **le Sénat. L'Assemblée nationale,** qui siège au **Palais-Bourbon**, est composée de 557 députés élus au suffrage universel direct pour une législature de cinq ans. **Le Sénat** quant à lui, siège au **palais du Luxembourg**, et se compose de 321 sénateurs élus pour neuf ans au suffrage universel indirect. Les projets et propositions de loi sont débattus pendant les sessions parlementaires (d'octobre à juin) et font la **« navette »** entre les deux assemblées qui doivent chacune voter ces lois dans les mêmes termes.

Le Conseil constitutionnel

Il est constitué de neuf membres, nommés pour neuf ans par le président de la République ainsi que par les présidents de l'Assemblée nationale et du Sénat. Son mandat est de veiller au bon déroulement des élections et des référendums et à la constitutionnalité des lois.

2.2 Les partis politiques

Le paysage politique français s'organise traditionnellement autour de deux pôles: la **gauche** et la **droite**.

La gauche

Les principaux partis de gauche:
Le **PS (parti socialiste)** prône la sociale-démocratie et le social-libéralisme. Le PS lutte contre les inégalités sociales. Il est pour la nationalisation de grandes sociétés ou de banques, donc pour un contrôle de l'économie par l'Etat. Le PS doit sa popularité à l'ancien Président de la République François Mitterand.

Le **PCF (parti communiste français)**, de tradition **marxiste-léniniste**, aspire à une société sans lutte de classes. Prônant l'**indépendance nationale**, il est un ferme **opposant de l'Union européenne**. Le PCP est un vieux parti, qui a autrefois exercé une très grande influence politique, sociale et intellectuelle. Il compte aujourd'hui de moins en moins d'adhérents.

La droite

Les principaux partis de droite:
L'**UMP** (Union pour un mouvement populaire) est le fruit d'une fusion en 2002 entre le **RPR** (Rassemblement pour la République), les libéraux de **Démocratie libérale** (DL) et une grande partie des centristes de l'**UDF** (Union pour la démocratie française). L'UMP est un parti néo-gaulliste, c'est-à-dire qu'il poursuit les idées du général de Gaulle: indépendance nationale, rassemblement de tous les groupes sociaux et intervention de l'Etat dans l'économie.

La nouvelle **UDF** (Union pour la démocratie française) regroupe plusieurs petits partis de **centre droite**. L'UDF est de tendance sociale, chrétienne et libérale. Il prône donc le **libéralisme économique** accompagné d'une **politique sociale forte** et la **décentralisation des pouvoirs**. Le parti a une **orientation européenne**.

L'extrême droite

Le **Front national (FN)**, très nationaliste et populiste, est le plus important parti d'extrême droite. Xénophobe, le FN lutte contre l'immigration et s'oppose à l'Europe unie. Son leader, **Jean-Marie Le Pen**, s'inspire des principes du régime de Vichy « Famille, travail, patrie » et souhaite redonner « la France aux Français ». Les élections présidentielles de 2002 ont démontré que l'extrême droite était devenue une puissance politique non négligeable. Le leader du Front national (FN) Jean-Marie Le Pen, ayant obtenu plus de voix que le candidat socialiste Lionel Jospin, accéda au second tour de srutin, l'opposant au Président sortant Jacques Chirac. Bien que ce dernier fût réélu avec une majorité écrasante, le chef du FN réussit à obtenir plus de 17 % des voix.

Les Verts

Bien qu'on ne puisse définir le **parti écologiste** comme un parti de gauche au sens traditionnel, il a quand même déjà conclu un accord électoral avec le PS et le PCF. Les Verts ont fait de la **protection de l'environnement** leur cheval de bataille, **s'opposant** à **l'énergie nucléaire** et au **progrès à tout prix**.

2.3 Les élections

Les élections en France ont lieu le dimanche et s'organisent en deux tours. Pour être élu au premier tour, un candidat doit obtenir la majorité absolue. Dans le cas contraire, un second tour de scrutin, où s'opposent les deux candidats ayant obtenu le plus de votes lors du premier tour, se tient deux semaines plus tard. Celui qui obtient le plus de voix est alors élu. Outre les élections **présidentielles**, le peuple français se rend aussi aux urnes pour élire des députés aux **élections législatives**, des conseillers municipaux aux **élections municipales**, des conseillers régionaux aux **élections régionales** et des conseillers généraux aux **élections cantonales**.

2.4 La politique étrangère

Quatrième puissance économique et commerciale mondiale, la France a toujours joué un rôle important dans les affaires du monde. Elle a une longue **tradition diplomatique**: la France a été le premier pays à disposer, dès le siècle de Louis XIV, d'un réseau d'ambassadeurs. De plus, sa langue a longtemps été la langue de la diplomatie. Bien que le français partage aujourd'hui ce privilège avec l'anglais, il demeure **langue officielle et de travail d'organisations internationales**, dont l'UNESCO et l'ONU, et non-gouvernementales (ONG) comme les Jeux olympiques. Les **principes fondamentaux** de sa politique étrangère sont: le droit des peuples à l'auto-détermination, le respect des droits de l'Homme ainsi que des principes démocratiques tels le respect de l'Etat de droit et la coopération entre les nations. Ceci explique les efforts de la France pour promouvoir le développement de solidarités régionales et internationales tout en cherchant à sauvegarder son indépendance nationale.

Souhaitant mettre un terme aux rivalités qui ont déchiré le vieux continent, la France fait de la **construction de l'Europe** une priorité de sa politique étrangère. Ses objectifs sont: restaurer la paix et garantir la sécurité des Etats, consacrer la forme démocratique de gouvernement et bâtir un espace économique et monétaire susceptible de garantir la prospérité des peuples. Ces idéaux ont conduit la France à bâtir avec ses voisins la Communauté européenne qui est ensuite devenue l'**Union européenne (UE).**

A l'échelle internationale, la France n'a cessé depuis 1945 de défendre les buts et principes de l'**Organisation des Nations unies (ONU)** dont elle est le quatrième contributeur financier avec un montant de près de 60 millions d'euros versé au budget régulier de l'organisation. A titre de membre permanent du **Conseil de sécurité**, instance suprême de l'ONU, la France a participé a plusieurs des opérations de maintien de la paix menées par l'Organisation des Nations unies.

La France, avec l'Allemagne et la Russie, fut l'**un des opposants les plus fermes à la deuxième guerre d'Irak** menée en 2003 par le président américain George W. Bush et ses alliés. La France s'est toujours prononcée contre une intervention militaire. Dans une déclaration faite le 17 mars 2003, le ministre des Affaires étrangères, Dominique de Villepin, avait dit: « Fidèle à ses convictions, la France réaffirme qu'en tout état de cause, les Nations Unies, seules dépositaires de la légitimité internationale, doivent jouer un rôle central dans le règlement de la crise irakienne. »

Le **29 mai 2005**, marquera l'histoire de la politique étrangère en France. Le Président Jacques Chirac, fervent défenseur de l'Europe unifiée, appelle alors la population française à se prononcer par voie de **référendum sur la Constitution européenne**. Celle-ci ne sera pas ratifiée et le Président accusera une importante défaite. Avec une majorité écrasante de 54,68 %, les Français s'opposent au traité constitutionnel. Parmi les partisans du **NON** on retrouve des mouvements complètement opposés, comme les communistes et l'extrême-droite, tous les deux nationalistes et anti-Europe, mais aussi des mouvements de centre et de gauche. Le PS est lui-même divisé. D'un côté, les défenseurs de l'Union ralliés derrière l'ancien Premier ministre Lionel Jospin et de l'autre, les sceptiques avec à leur tête un autre ancien Premier ministre, Laurent Fabius. Plusieurs ont interprété ce NON comme une critique de la politique du Président Chirac et de son gouvernement et non pas comme un rejet de l'Europe. D'autres ressentent un certain malaise dans la population qui voit dans l'Europe des 25 un danger pour l'économie (flux de travailleurs immigrés, donc augmentation du chômage) et l'identité nationales.

3 La France multiculturelle

3.1 L'immigration

Nombre et origines

La France accueille chaque année sur son sol de **nombreux étrangers** quittant leur pays pour des **raisons** soit **économiques**, soit **politiques** ou même **familiales**. On compte aujourd'hui environ **quatre millions d'étrangers** vivant en France, représentant environ **7 %** de la population française. Plus d'un tiers des immigrés est détenteurs de la **nationalité française**.

Les **ressortissants de la Communauté européenne** représentent 45 % des étrangers vivant en France aujourd'hui, bien qu'ils soient en baisse par rapport à il y a vingt ans. La plupart des immigrés européens sont arrivés après les deux grandes guerres alors que le pays était en reconstruction et qu'on avait besoin de main-d'œuvre. En revanche, la part des **ressortissants du Maghreb** (Tunisiens, Marocains, Algériens) est en hausse, représentant aujourd'hui 35 % de la population étrangère. Alors que beaucoup d'entre eux ont choisi de s'expatrier en France après l'**indépendance des colonies**, leur principale motivation d'immigration est aujourd'hui le **regroupement familial**. A part les Maghrébins, on relève aussi beaucoup de Turcs, d'Asiatiques et de personnes originaires d'Afrique subsaharienne.

Selon le Haut Commissariat aux réfugiés (HCR), la France est le premier pays d'accueil pour les **demandeurs d'asile** en Europe, avec environ 61 000 candidatures en 2004. Ils viennent en France dans l'espoir de se sauver de l'oppression et de la répression dont ils ont été victimes dans leur pays d'origine. Néanmoins, leur situation est de plus en plus précaire, environ 80 % des demandes sont rejetées, surtout depuis que les formalités à remplir ont été renforcées en août 2004. Sans reconnaissance de leur statut, plusieurs deviendront des clandestins.

Conditions de vie des immigrés

Les immigrés vivent en général dans les centres urbains, où il y a plus de travail. Près de deux tiers d'entre eux habitent dans une ville de plus de 200 000 habitants. Un tiers réside en Ile-de-France. A **Paris**, près d'un habitant sur six est étranger. Ils logent souvent dans les HLM de banlieues, ce qui a pour effet de créer des ghettos.

Les travailleurs immigrés occupent souvent des **emplois manuels**, peu qualifiés, difficiles et mal payés. A travail égal, ils gagnent en moyenne 10 % de moins que les Français.

L'immigration clandestine

En marge de l'immigration en règle, il y a l'immigration dite **illégale** ou **clandestine**. Elle touche surtout des Africains, mais aussi des Asiatiques. On appelle ces immigrés clandestins, qui vivent en France illégalement, sans permis de séjour ni permis de travail, les **sans-papiers**. Selon les données officielles de mai 2005, on estime le nombre de clandestins entre 200 000 et 400 000. Certains prétendent cependant qu'il y en aurait le double. Sans identité, ils sont forcés de travailler au noir et sont donc à la merci des employeurs qui exploitent leur situation. Ils logent souvent dans des hôtels garnis pour lesquels on leur fait payer, en toute légalité, des sommes astronomiques. Ne bénificiant d'aucune protection sociale, ils vivent dans la peur constante d'être contrôlés par la police et donc d'être expulsés.

3.2 La nationalité française

Un enfant est français si l'un des parents au moins est français ou s'il est né en France et que l'un des parents y est lui-même né. C'est le **droit de sang**.

Tout étranger né en France de parents étrangers acquiert la nationalité française à 18 ans, à conditon d'y avoir vécu au moins 5 ans entre l'âge de 11 ans et celui de 18 ans. On parle alors du **droit de sol**.

On peut aussi devenir français par le **mariage** si le conjoint ou la conjointe est de nationalité française. On doit cependant observer un délai de deux ans à compter du mariage et il doit être prouvé que les époux mènent effectivement une vie commune au jour de la déclaration.

Finalement, un étranger peut demander la **naturalisation** à condition d'avoir atteint la majorité (18 ans), d'avoir résidé en France durant les 5 années qui précèdent le dépôt de la demande, de connaître suffisamment la langue française. De plus, la famille directe (conjoint et enfants mineurs) du requérant doit être présente en France et il doit y avoir absence de condamnation.

3.3 Le racisme

Bien que la France se définisse comme une nation ouverte et généreuse, elle refuse de faire des concessions sur les valeurs qui la fondent, ce que démontre bien, entre autres, toute la discussion entourant le port du foulard islamique. Si les immigrés européens sont assez bien acceptés, ce n'est pas toujours vrai pour les immigrés des pays arabes ou d'Afrique noire. La couleur de peau, la langue, la culture, la religion et les coutumes différentes rendent leur intégration difficile. C'est le cas des étrangers de la deuxième génération et tout particulièrement des **beurs**. Nés en France de parents maghrébins, ils ont la nationalité française et souhaitent être reconnus comme citoyens français sans toutefois vouloir renoncer à leurs origines. Ils sont par conséquent souvent victimes du racisme.

Cette **xénophobie** se traduit entre autres par une hausse du nombre de partisans du **Front national**, parti politique d'extême droite de Jean-Marie Le Pen. Le FN reproche aux étrangers d'être la source de problèmes tels le chômage et la délinquance et de menacer l'identité française

Heureusement des **organisations antiracistes** comme **S.O.S. Racisme** luttent contre les préjugés envers les immigrés. Elles dénoncent la discrimination pratiquée dans différents domaines à l'égard de certains groupes ethniques. Ce fut le cas par exemple lorsque S.O.S. Racisme a envoyé 200 observateurs dans des boîtes de nuit en France. Ces derniers ont constaté que plus de la moitié des établissements pratiquait la discrimination à l'égard des personnes d'origine maghrébine ou africaine: les **«blacks» et les beurs** étaient refoulés alors que les blancs entraient sans difficulté. L'organisation demande que ce type de pratique soit puni. De plus, S.O.S. Racisme est en faveur de la **double nationalité** pour les étrangers et du **droit de vote** sur un plan local. L'organisation antiraciste est toutefois d'avis qu'il faut maîtriser l'immigration illégale qui nuit aux immigrés en situation régulière.

4 Les relations franco-allemandes

4.1 Conflits et rapprochements

A travers les siècles, les **relations franco-allemandes** ont été marquées par l'alternance de **conflits** (23 en tout, dont les deux guerres mondiales) et de **réconciliations** (l'Entre-deux-guerres, Traité de l'Elysée). Malgré les différends qui opposaient les deux nations voisines, l'Allemagne a toujours été fascinée par la culture et la langue françaises (On parlait français à la cour de Prusse et Frédérique Le Grand lui-même entretenait une relation épistolaire avec Voltaire). Leur passé commun tourmenté n'a pas empêché l'Allemagne et la France d'avoir aujourd'hui des rapports privilégiés.

4.2 Occupation allemande, collaboration et résistance

Après l'invasion de la Pologne par l'Allemagne de Hitler en septembre 1939, la France et l'Angleterre déclarent la guerre aux Allemands. Jusqu'en mai 1940, les troupes françaises et allemandes restent sur leur défensive. On qualifie cette période de « drôle de guerre ».

Le 10 mai 1940 l'**Allemagne attaque la France**. Il ne faudra que quelques semaines à Hitler pour vaincre l'armée française. Le 17 juin, le gouvernement est obligé de demander un **armistice** et de quitter Paris. Il s'ensuit un exode de la population vers le sud. Dès lors, la France est divisée en **zone libre** au sud et **zone occupée** au nord. Le **gouvernement** et le parlement s'installent à **Vichy**. La IIIème République est abolie et le **maréchal Pétain**, héros de la Première Guerre mondiale, est nommé **Chef de « l'Etat français ».**

Le gouvernement de Vichy rétablit les **valeurs traditionnelles** autour de la devise **« travail, famille et patrie »**, dissout les partis politiques et les syndicats. La population est appelée à **collaborer avec l'occupant**.

Les **Juifs et les opposants** sont **déportés** et exterminés dans des camps de concentration.

Le 18 juin 1940, le général **de Gaulle** lance depuis Londres son **appel à la résistance extérieure**. Il met sur pied les **Forces Françaises Libres** qui se batteront avec l'aide des alliés. A partir de 1942 des réseaux clandestins organisent une **résistance intérieure**. **Jean Moulin** crée le **« Conseil National de la Résistance »** qui reconnaît l'autorité du général de Gaulle. Les résistants mettent en place des filières d'évasion vers l'Angleterre ainsi que des réseaux de renseignement, font de la contre-propagande et commettent des actes de sabotage afin d'affaiblir l'ennemi. Les combattants de la Résistance se regroupent en 1944 dans **les FFI** (Forces françaises de l'intérieur).

Lorsque les **troupes nazies** envahissent la **zone libre** en novembre 1942, le gouvernement de Vichy perd le peu de pouvoir qui lui reste. La mise en place du **STO** (Service du travail obligatoire) pousse ceux qui refusent de s'y soumettre à joindre les rangs de la Résistance.

Le **Débarquement en Normandie**, le 6 juin 1944, marque le début de la **libération**. Après son retour en France, le général de Gaulle rétablit la République par l'ordonnance du 9 août 1944, puis installe son **gouvernement provisoire** (Gouvernement provisoire de la République française) à Paris, qui est libéré le 25 août.

Il s'ensuit une période marquée par les règlements de compte entre résistants et collaborateurs, qu'on appelera « **l'épuration** » et qui divisera le pays.

4.5 Les efforts de réconciliation depuis 1945

Les **relations bilatérales** restent tendues après la libération de la France. Cependant, soucieux de rebatir l'Europe, des hommes politiques tentent des rapprochements, convaincus que le **développement de l'Europe** passe par la **réconciliation entre l'Allemagne et la France.**

En 1950 déjà, **Robert Schuman**, ministre français des affaires étrangères, propose de créer une autorité supranationale pour gérer la production d'acier et de charbon des deux pays, la **Communauté européenne du charbon et de l'acier (CECA).**

La visite officielle du chancelier Adenauer en France en juillet 1962 et celle du Président de la République Charles de Gaulle en septembre de la même année sont les événements précurseurs qui mèneront vers la signature du **Traité de l'Elysée**. En effet, c'est le 22 janvier 1963 que les deux chefs d'Etat signent à Paris le Traité de la République française et la République fédérale d'Allemagne sur la coopération franco-allemande. Ce traité devait mettre fin à « une rivalité séculaire ». Il prévoit entre autres des **rencontres bi-annuelles des ministres, l'élaboration d'un plan stratégique commun en matière de défense, la promotion de l'enseignement de la langue du partenaire et la création de l'Office franco-allemand pour la jeunesse (OFAJ).** Son programme comprend entre autres des échanges scolaires et universitaires ainsi que des jumelages.

Un peu plus de vingt ans plus tard, une autre rencontre symbolique aura lieu. Le 22 septembre 1984, le Président **Mitterand** et le chancelier **Kohl** commémorent ensembe le souvenir des soldats français et allemands morts au combat lors des deux guerres mondiales. Leur **célèbre poignée de main** à Verdun restera un moment important dans l'histoire des relations entre les deux pays. Ce jour-là ils déclarent: « Nous nous sommes compris. Nous sommes devenus amis. »

Aujourd'hui, soixante ans après la fin de la guerre, les rapports entre les deux nations voisines sont, dans l'ensemble, très bons. Certes, les clichés et les préjugés tout comme certains sujets de discorde persistent, mais la question de la réconciliation ne se pose plus.

Côté économie, la France et l'Allemagne sont **d'importants partenaires économiques**. Face à la mondialisation et la domination des Etats-Unis, les deux pays se sont unis dans certains grands projets, principalement dans le domaine de l'**aéronautique et de l'aérospatiale**. Citons par exemple Eurocopter, Airbus et la fusée Ariane.

En **politique étrangère**, les voisins ont souvent défendu une même position comme ce fut le cas lors de la **guerre en Irak**, alors que le Président Chirac et le Chancelier Schroeder ont refusé d'appuyer l'offensive militaire menée par le président américain George Bush.

Sur le **plan culturel**, une des grandes réalisations franco-allemandes est sans aucun doute la création de la chaîne de télévision **Arte**, qui depuis 1992 diffuse des émissions destinées à la fois aux Allemands et aux Français. En matière de **formation professionnelle**, on relève de plus en plus d'efforts de coopération: des lycées ainsi que des universités proposent des **filières bilingues** débouchant sur des diplômes reconnus dans les deux pays, comme l'Abi-bac. Finalement, il ne faut pas oublièr les 1200 **jumelages entre villes** qui à leur façon contribuent au rayonnement des cultures allemande et française.

5 L'éducation

5.1 Le système scolaire français

La grande majorité des élèves français fréquente une **école publique**, où l'enseignement est gratuit. De plus, ces établissements sont **laïcs**, c'est-à-dire que l'**enseignement religieux** ne fait pas partie des programmes scolaires, afin de respecter les opinions et les croyances et de faire de l'école un lieu neutre. C'est la raison pour laquelle l'enseignement religieux doit se tenir en dehors des heures de classe. Ceci dit, environ 17 % des élèves sont scolarisés dans des **écoles privées**. Ces institutions, aussi appelées **écoles libres** sont pour la plupart gérées par l'Eglise catholique et ont passé un contrat avec l'Etat qui les subventionne. En France, l'école est obligatoire, entre 6 et 16 ans.

Contrairement à l'Allemagne, le système scolaire français est très **centralisé**: il existe un seul ministère de l'Education nationale. Les programmes et les diplômes sont nationaux, donc identiques dans tout le pays. L'Education nationale représente le cinquième du budget de l'Etat.

Le système est divisé en trois niveaux: **primaire**, **secondaire** et **supérieur**.

Bien qu'elle ne soit pas obligatoire, la plupart des enfants de 2 à 5 ans vont généralement à la **maternelle.** Celle-ci est divisée en petite, moyenne et grande section. Certains disent que la maternelle française prépare mieux les enfants à l'école que le « Kindergarten » allemand. Il est vrai qu'au cours de la dernière année, les enfants y sont initiés à la lecture et à l'écriture. Face aux résultats médiocres obtenus par les élèves allemands lors de l'étude Pisa, plusieurs proposent que les « Kindergarten » s'orientent davantage sur le modèle français.

L'enseignement primaire (ou élémentaire)

Il dure cinq ans et se compose de **trois cycles**: le **cours préparatoire** (CP), les **cours élémentaires** (CE 1 et CE 2) et les **cours moyens** (CM 1 et CM 2). Les élèves y apprennent les connaissances de base, comme la lecture, l'expression écrite et le calcul, mais aussi l'histoire de la France et la géographie, les sciences et la technique, le dessin, l'éducation civique, le chant et l'éducation physique. Contrairement au rythme scolaire allemand, les enfants français ont cours le matin et l'après-midi. Le midi, ils peuvent manger à la cantine de l'école.

L'enseignement secondaire

Après le primaire, tous les élèves vont au **collège** où ils resteront quatre ans, de la 6ème à la 3ème année (En France, les classes sont comptées en sens inverse). Au terme des quatre années, c'est-à-dire après le premier cycle, ils passent un examen: le **brevet des collèges**.

Ils doivent ensuite choisir une des différentes options qui s'offrent à eux: ils peuvent quitter l'école pour faire un **apprentissage** ou poursuivre au deuxième cycle, qui comprend le cycle court et le cycle long. Le **cycle court** se donne dans un **lycée professionnel** (LP) et prépare les élèves en deux ou trois ans au marché du travail. Après l'obtention d'un **CAP** (certificat d'aptitude professionnelle) ou d'un **BEP** (brevet d'études professionnelles), ils seront soit ouvriers, soit employés qualifiés. Contrairement à l'Allemagne, la formation professionnelle en France est plus l'affaire des LP que des entreprises.

Les élèves qui choisissent le **cycle long** entrent au lycée où ils préparent en trois ans (seconde, première et terminale) le **baccalauréat** (bac) ou le **brevet de technicien**. Les élèves ont le choix de faire un **bac économique et social (ES)**, un **bac littéraire (L)** ou un **bac scientifique (S)**. Le bac s'obtient après douze ans de scolarité.

L'enseignement supérieur

Une fois le bac réussi, les élèves peuvent poursuivre des **études supérieures.** Celles-ci sont dispensées dans les **universités**, les **instituts universitaires de technologie (IUT)** ou dans les **Grandes Ecoles**.

Les études universitaires

Elles sont divisées en trois cycles. Le premier cycle mène après deux ans d'études au **DEUG** (diplôme d'études universitaires générales). Le deuxième cycle permet d'obtenir en un an la **licence** et en deux ans la **maîtrise**. Le troisième cycle finalement s'adresse aux étudiants désirant se spécialiser ou devenir chercheur. Les études de troisième mène entre autres au **doctorat**.

Les études en IUT

Les étudiants qui ne souhaitent pas étudier trop longtemps peuvent y préparer en deux ans des **diplômes de techniciens**.

Les Grandes Ecoles

Ces institutions sont les plus convoitées, car elles forment les futurs cadres supérieurs et hauts fonctionnaires du pays, les ingénieurs très qualifiés, les chefs d'entreprises et les scientifiques de haut niveau. Alors qu'on accède automatiquement à l'université après le bac, l'accès aux Grandes Ecoles n'est pas aussi facile. On doit, après une ou deux ans de **classes préparatoires**, passer un **concours** d'entrée très difficile. Parmi les Grandes Ecoles les plus connues on compte l'ENA (Ecole nationale d'administration), l'HEC (Ecole des hautes études commerciales), l'Ecole polytechnique et les Ecoles normales supérieures qui forment les enseignants.

5.2 La loi sur la laïcité

Bien que la France soit de tradition catholique, la **loi sur la séparation de l'Eglise et de l'Etat de 1905** en a fait un **pays laïc**. Au nom de la laïcité, l'Eglise doit rester neutre sur le plan politique. L'Etat garantit la liberté de culte, mais ne s'occupe pas des affaires de religion. C'est la raison pour laquelle l'enseignement religieux n'a pas sa place à l'école.

La discussion entourant le port du **voile islamique** a remis en cause le principe de laïcité de l'école publique ces dernières années. On estime entre trois et cinq millions le nombre de musulmans vivant en France, faisant d'eux la plus grande minorité ethnique.

Alors que la loi sur la laïcité de mars 2004 prévoit l'interdiction de tout signe religieux ostensible comme le hijab musulman, mais aussi la kippa juive, le turban Sikh ou de grandes croix chrétiennes, elle est largement ressentie comme une attaque directe contre certaines musulmanes qui portent le voile. En effet, beaucoup de musulmans argumentent que le hijab n'est pas un vêtement religieux mais plutôt culturel. Or, en exigeant que les femmes portent le voile, les intégristes poussent les jeunes musulmanes à einfreindre la loi lorsqu'elles se présentent voilées à l'école.

6 Les médias

Les médias, souvent surnommés le **quatrième pouvoir** en raison de l'influence qu'ils exercent sur la population, comprennent la presse écrite, la radio, la télévision mais aussi les nouvelles technologies comme l'internet, aussi appelé l'autoroute de l'information.

6.1 La presse écrite

Les principaux **quotidiens** nationaux sont *le Figaro, France-Soir* et *Le Parisien* (tous les trois de droite), *le Monde* (centre gauche), *Libération* (gauche), et *L'Humanité* (organe du parti communiste). Ils informent surtout sur la politique nationale et internationale. Pour les mordus de sport, il y le quotidien *l'Equipe*.

La **presse régionale** comme les quotidiens *Ouest-France, Le Provençal* ou *Les dernières nouvelles d'Alsace* donne des nouvelles locales et aborde des sujets qui concernent de près ses lecteurs.

Mais les Français préfèrent avant tout la **presse périodique**, c'est-à-dire les magazines qui paraissent soit hebdomadairement, soit mensuellement et qui s'adressent à des publics spécifiques. Ils aiment les magazines d'actualité et d'information comme *Paris-Match, L'Express, Le Nouvel Observateur, Le Point*, les magazines féminins comme *Elle* ou *Marie-Claire*, les magazines sur le sport, l'automobile, la cuisine, le jardinage,etc. Les magazines les plus lus sont cependant les magazines de télévision tels *Télé 7 jours, TV magazine, etc.*

Le Canard enchaîné, **journal satirique**, occupe depuis 1915 une place bien à lui. Même si son style est provocateur, ses articles reposent sur des informations sérieuses.

Ces dernières années, on a vu l'émergence de journaux d'information gratuits. Parmi ceux qui ont les plus gros tirages, mentionnons *Métro, 20 minutes* et *Marseille Plus*. Comme ils sont financés exclusivement par la publicité, certains remettent en question l'objectivité et la qualité de ces journaux gratuits.

6.2 La radio

Radio France est une société nationale regroupant **France-Inter, France-Culture, France-Musique, France Info** et **Radio bleue.** A cause de la loi sur le monopole d'Etat de l'information, les stations privées dites « périphériques » comme **Europe 1, Radio Télé Luxembourg (RTL)** ou **Radio Monte Carlo** sont obligées de s'installer à l'étranger, en « périphérie ». Le monopole d'Etat de la radio prend fin en 1981 avec l'introduction de stations locales privées, dites radios libres, émettant pour la plupart sur la bande FM. Depuis, des centaines de radios ont été créées sur tout le territoire, s'adressant à des publics bien ciblés. Parmi celles qui sont le plus écoutées, mentionnons **Energie (NRJ)**, la station préférée des Français qui diffuse de la musique pour les jeunes, **Fun Radio**, **Skyrock** ou **Europe 2**.

Depuis 1996, les radios sont obligées selon la loi de diffuser au moins 40 % de chansons francophones. Malgré certaines critiques, il semble que cette législation ait eu un effet positif sur la vente de CD d'artistes d'expression française.

6.3 La télévision

La télévision est sans aucun doute le média qui a le plus évolué au cours des dernières années. Aujourd'hui le téléspectateur équipé d'une antenne parabolique ou simplement relié au câble peut capter une multitude de chaînes françaises et étrangères. Depuis la disparition du **monopole d'Etat** il y a un peu plus de vingt ans, le **PAF** (paysage audiovisuel français) a bien changé. On compte aujourd'hui en plus des deux grandes **chaînes publiques** (France 2 et France 3), **deux** grandes **chaînes privées** (TF1 et M6), une **chaîne payante** (Canal +), une **chaîne culturelle** franco-allemande (Arte), plusieurs **chaînes locales** et d'autres chaînes privées accessibles par satellite. Une **chaîne gay**, s'adressant à un public homosexuel masculin, a même vu le jour en octobre 2004: Pink TV.

Aux heures de grande écoute, on retrouve surtout des **jeux télévisés**, des **variétés, des séries, des téléfilms** ou des **émissions de « télé-**

réalité » comme *Loft story, Bachelor* ou *Star Academy* qui font grimper l'audimat. En revanche, les **émissions d'information**, les **documentaires**, les **débats** et les **reportages**, qui attirent une plus faible audience, passent plus tard en soirée. Seule exception: le **journal télévisé de 20 heures**. En effet, 15 millions de Français se mettent à table devant la télévision pour s'informer et dîner en même temps.

6.4 L'internet

Le web est sans aucun doute le plus grand **réseau d'information** de nos jours. En naviguant sur le net, l'**internaute** peut s'informer: à l'aide d'un **moteur de recherche**, il peut trouver un **fichier** précis, le **télécharger** pour ensuite travailler avec hors-ligne. L'internet permet aussi de dialoguer et d'échanger. Il suffit d'un simple clic pour se connecter en quelques secondes avec un correspondant à l'autre bout du monde. D'ailleurs, le **courriel** est l'outil le plus utilisé d'internet. En envoyant un **mél** (message électronique), on peut rester en contact avec les amis ou la famille. Par rapport au téléphone ou au courrier traditionnel, les méls coûtent moins chers et sont plus rapides. On peut aussi envoyer avec son message des **pièces jointes** comme des photos scannées ou d'autres documents. Dans les **forums**, les internautes ont la possibilité de discuter entre eux sur un sujet précis. Avec le **chat** ou clavardage (pour bavarder avec le clavier) les usagers peuvent dialoguer et se répondre en direct. A ces avantages s'ajoute le gain de temps que représentent entre autres les **transactions bancaires en-ligne** ou le **télétravail**.

Cependant, toute médaille a son revers. Malgré tous ses aspects positifs, le **cyberespace** pose toute une série de **problèmes**. La criminalité liée au piratage et à la fraude informatique est en hausse. Il est très difficile d'intervenir contre ce genre de délits. Il en va de même pour les **sites dangereux** pour la jeunesse. La mise en place d'une régulation efficace n'est pas facile. De plus, plusieurs rejettent une réglementation sous prétexte qu'elle porterait atteinte à la **liberté d'expression**. Par ailleurs, il ne faut pas négliger les résultats d'une recherche scientifique menée aux Etats-Unis qui a révélé que l'usage régulier d'internet favorisait la dépression et la solitude chez l'internaute. Les raisons: l'internet est une manière d'être en contact sans prendre le risque de la relation. Le face-à-face n'existant plus, on est dans l'illusion de la relation. On voit de plus en plus de jeunes qui passent des nuits devant l'ordinateur, se coupant de leur entourage et qui par conséquent, ont des problèmes de type relationnel.

7 La Francophonie

7.1 Le rôle du français dans le monde

Le français est parlé par environ **150 millions** de personnes à travers le monde. Ce n'est pas tellement le nombre de ses locuteurs (3 % de la population) comme leur répartition qui est significative: la langue française est présente sur les cinq continents, vestiges de la colonisation française. Même si depuis le traité de Versailles de 1919, rédigé aussi en anglais, le français n'est plus l'unique langue diplomatique, il reste une des langues officielles de certains organismes internationaux dont les Jeux olympiques. De plus, le français est l'une des deux langues de travail de l'ONU, l'autre étant l'anglais. La langue française est aussi une des langues étrangères les plus enseignées avec 25 millions d'élèves dans le monde. Il est clair cependant que comparé à l'anglais et à d'autres langues comme l'espagnol ou même le chinois, le français est en perte de vitesse. En raison de l'**arabisation** de quelques pays, le français a perdu du terrain aussi dans certaines régions. C'est le cas entre autres de l'**Algérie**, où les autorités tentent d'éliminer l'usage du français dans l'administration et l'enseignement.

7.2 Les pays francophones

C'est le géographe Onésime Reclus qui pour la première fois utilisa les termes «francophone» et «francophonie» dans un texte datant de 1880, pour parler des pays faisant usage du français. La francophonie se définit aujourd'hui comme **un espace linguistique, culturel et politique**.

Espace linguistique

La francophonie regroupe des pays qui ont en commun l'usage du français. Son statut n'est cependant pas le même partout. Dans certains pays le français est **langue maternelle et officielle**. C'est le cas de plusieurs pays européens comme la France, la Belgique, le Luxembourg, la Suisse, Monaco, mais aussi le Canada. Il peut être **langue officielle** comme au Mali, au Cameroun ou en Côte-d'Ivoire ou **langue d'enseignement** comme au Maroc ou au Vietnam.

Espace politique

La première conférence réunissant les pays ayant le français en partage a lieu à Versailles en 1986. Depuis, les chefs d'Etat et de gouvernement de pays francophones se sont réunis à tous les deux ans pour dialoguer, échanger et développer. Aujourd'hui, 51 Etats et gouvernements membres ainsi que 5 observateurs participent aux **sommets de la francophonie**. La majorité de ces pays sont du tiers-monde, principalement d'Afrique noire. L'**Organisation internationale de la francophonie (OIF)** s'est donc donné pour but d'engager le dialogue entre les pays développés du nord et les pays en voie de développement du sud afin d'apporter une aide aux plus défavorisés

Les 51 Etats et gouvernements membres de l'OIF:

Albanie, Belgique, Bénin, Bulgarie, Burkina Faso, Burundi, Cambodge, Cameroun, Canada, Canada-Nouveau Brunswick, Canada-Québec, Cap-Vert, Centrafrique, Communauté française de Belgique, Comores, Congo, République démocratique du Congo, Côte-d'Ivoire, Djibouti, Dominique, Egypte, France, Gabon, Guinée, Guinée-Bissau, Guinée-équatoriale, Haïti, Laos, Liban, Luxembourg, Macédoine, Madagascar, Mali, Maroc, Mauritanie, Maurice, Moldavie, Monaco, Niger, Roumanie, Rwanda, Sainte-Lucie, São Tomé et Principe, Sénégal, Seychelles, Suisse, Tchad, Togo, Tunisie, Vanuatu, Vietnam.

Les 5 observateurs: Lituanie, Pologne, République Tchèque, Slovaquie, Slovénie

Entwicklungshilfe

sous forme d'une assistance technique, économique et culturelle. Le dernier sommet de la francophonie, le Xème, s'est tenu en 2004 à Ouagadougou au Burkina Faso. Le point principal à l'ordre du jour était la résolution des conflits à travers le monde comme ceux qui sévissent en Côte-d'Ivoire et à Haïti. Le XIème sommet se tiendra en 2006 en Roumanie et aura pour thème « La francophonie vers la société informationnelle et du savoir par l'éducation pour tous ». La francophonie est donc une réalité politique qui cherche à faire le poids devant la prédominance du monde anglophone et la mondialisation.

Gewichte

Espace culturel

Au delà de la culture française, on retrouve aujourd'hui des cultures francophones. Celles-ci ont leur place dans tous les domaines de la **création artistique**. Les **écrivains** des pays francophones s'imposent et leur travail est reconnu comme en témoignent les **prix Goncourt** attribués au Marocain Tahar Ben Jelloun ou à la Canadienne Antonine Maillet. Côté **musique**, les grands événements comme les Francofolies de La Rochelle et de Montréal ou le Festival d'été de Québec ont toujours fait la promotion des artistes francophones de tous les coins de la planète. En ce qui a trait au **cinéma**, le public montre un grand intérêt pour la nouvelle génération de réalisateurs qu'ils soient vietnamiens (Tran Ahn Hong), maghrébins (Moumen Smihi) ou guinéens (Cheik Doukoure) ou québécois (Denys Arcand).

7.3 Le Québec

Le Québec est **nord-américain** par sa **situation géographique**, **français** par ses **origines** et sa **culture** et **britannique** par son **système parlementaire**. Le Québec est la plus grande des dix provinces canadiennes. Bien que le Canada soit officiellement bilingue, la **langue officielle** au Québec est le français. Il est aussi la **langue maternelle** de 80 % de la population.

Tout commence quand Jacques Cartier débarque dans la baie de Gaspé en 1534 et qu'il prend possession du territoire au nom du roi de France, François 1er. On appelle cette terre la **Nouvelle-France**. En 1608, Samuel de Champlain fonde la ville de Québec. Des **colons français** viennent peupler les nouveaux territoires, dans l'espoir souvent de trouver une meilleure vie dans le « Nouveau Monde ». Environ 150 ans plus tard, alors que la guerre de sept ans sévit en Europe, les possessions territoriales sur le nouveau continent deviennent un enjeu, opposant les Anglais aux Français. Le philosophe français Voltaire dira du conflit: « [...] la France peut être heureuse sans Québec [...] ces deux nations sont en guerre pour quelques arpents de neige[...] » En 1759, les troupes anglaises du général Wolfe défont les troupes françaises de Montcalm, sur les plaines d'Abraham à Québec.

En 1760, après la chute de Montréal, la conquête est achevée. Le territoire que l'on appelle la Nouvelle-France passe aux mains des Anglais. Avec le **Traité de Paris** de 1763, le roi de **France cède à l'Angleterre** le **Canada** avec toutes ses dépendances. Les Canadiens français se sentent trahis et abandonnés. Les vainqueurs tolèrent malgré tout **la langue et la religion,** le catholicisme, des Canadiens français à cause de leur nombre si important. En effet, les familles deviennent de plus en plus nombreuses. C'est ce qu'on appelera **« la revanche des berceaux »**!

Les **colons français** conservent donc leur langue, leur religion et leur culture, mais ils seront longtemps relégués au second plan, occupant souvent les emplois mal payés, ayant rarement accès à de hautes fonctions. A cela s'ajoute qu'ils seront coupés de la mère patrie pendant les prochains trois cents ans. Quand en 1960 le parti libéral remporte les élections provinciales, son chef, Jean Lessage, entreprend la **modernisation du Québec**. C'est le début de la « **révolution tranquille** ». Cette période est marquée entre autres par une nouvelle politique étrangère.

L'année 1961 voit l'inauguration de **la Maison du Québec à Paris**. La relation avec la mère patrie est restaurée. Des chansonniers québécois, comme Félix Leclerc ou Claude Léveillée, traversent l'Atlantique pour faire carrière en France, où ils obtiendront beaucoup de succès. Les Français sont fascinés par les « petits cousins canadiens ». Malgré cette effervescence, un rapport publié en 1965 dénonce la **fracture sociale** qui demeure entre francophones et anglophones: un Canadien français touche alors un revenu moyen inférieur de 35 % à celui d'un Canadien anglais. De plus, les anglophones, qui ne représentent que 7 % de la main-d'oeuvre, occupent 80 % des postes les mieux payés. Cette injustice sociale est en grande partie responsable de la montée du **mouvement nationaliste au Québec**.

La **visite du général de Gaulle** en 1967 y jouera lui aussi un rôle catalyseur. Son célèbre **« Vive le Québec libre! »** prononcé du balcon de l'hôtel de ville de Montréal sera interprété comme une validation des aspirations souverainistes. Un an plus tard, le Mouvement souveraineté association deviendra le **Parti Québécois**, pronant la **séparation du Québec**.

En 1976, le **PQ remporte les élections** provinciales avec à sa tête René Lévesque. Faisant de la défense de la langue française son cheval de bataille, le gouvernement péquiste vote la **Charte de la langue française**, aussi appelée la **loi 101**. Voulant faire du français la langue commune de tous les Québécois, la loi stipule que tous les enfants qui ont des parents francophones ou allophones, c'est-à-dire qui parlent une autre langue que le français ou l'anglais, doivent aller à l'école française. Elle dit aussi que tout affichage ou communication d'entreprises doit se faire en français et que tous les services publics doivent être en français. La loi 101 fait donc du français la **langue officielle du Québec** et ce dans tous les domaines: le travail, l'enseignement, les communications, le commerce et les affaires. L'objectif ultime du Parti Québécois étant toujours l'indépendance du

Québec, il tiendra **deux référendums sur la souveraineté**. Le premier en 1980, et le deuxième en 1995.

C'est le **NON** qui le remporte les **deux fois**, quoiqu'au deuxième référendum, l'écart entre le NON et le OUI n'est que d'un point: 50,6 % contre 49,4 %. La question de **l'identité nationale** demeure toujours à l'ordre du jour, les Québécois sont toutefois préoccupés par des problèmes tout aussi urgents comme la réforme du système de santé, le chômage, les frais de scolarité, etc. En outre, ils sont déterminés à faire du Québec un **partenaire économique** dynamique et **compétitif** sur le **plan international**. Son économie repose **traditionnellement** en grande partie sur ses **richesses naturelles** comme l'eau pour l'énergie hydro-électrique, les forêts pour le papier et les mines pour l'aluminium, le cuivre et les minéraux. Aujourd'hui cependant, la **technologie** joue un rôle majeur dans l'économie du Québec: l'aéronautique, le matériel informatique, les équipements de télécommunication. On ne peut négliger non plus les «exportations» sur le plan **culturel**: le *Cirque du soleil*, le plus grand cirque du monde, et des artistes comme Céline Dion, mais aussi Lynda Lemay ou Garou. Côté théâtre, le dramaturge et metteur en scène Robert Lepage a acquis au cours des dernières années une renommée internationale. En cinéma, il faut citer entre autres le nom du réalisateur Denys Arcand qui s'est vu remettre l'Oscar du meilleur film étranger en 2004 pour *Les invasions barbares*.

La **ferveur nationaliste** des Québécois cependant demeure, ce dont témoigne chaque année leur participation aux festivités entourant la **fête nationale** du 24 juin, la Saint-Jean Baptiste. De toute façon, comment pourraient-ils oublier, alors que le **drapeau** qu'ils se sont donné en 1948 (croix blanche pour une nation chrétienne, sur fond bleu, couleur de la monarchie, et le fleur de lys, pour le royaume de France) leur rappelle leur passé, leur culture et leur appartenance. Tout aussi forte est la devise qu'ils ont choisie et qui apparaît sur les plaques numéralogiques de toutes les voitures: Je me souviens.

Checkliste: Top in Landeskunde?

Paris et les régions

- ☐ l'Ile-de-France
- ☐ Paris: petite et grande couronne
- ☐ les banlieues et leurs problèmes
- ☐ centralisation et décentralisation: commune, département, région
- ☐ les DOM-TOM

La vie politique

- ☐ répartition du pouvoir: Vème République, pouvoirs exécutif et législatif, Assemblée, Sénat
- ☐ rôles du président et du premier ministre
- ☐ partis politiques: la droite et la gauche
- ☐ élections: suffrage universel direct, premier et second tour

politique étrangère

- ☐ Les relations franco-allemandes
- ☐ occupation: zone occupée et zone libre
- ☐ gouvernement de Vichy
- ☐ Pétain
- ☐ collaboration: STO
- ☐ de Gaulle
- ☐ résistance intérieure et extérieure
- ☐ libération
- ☐ réconciliation: Traité de l'Elysée

La France multiculturelle

- ☐ immigration: nombres, origines, conditions de vie
- ☐ immigration clandestine les sans-papiers
- ☐ nationalité française
- ☐ racisme
- ☐ le FN
- ☐ S.O.S Racisme

L'éducation

- ☐ système scolaire: primaire, secondaire, supérieur
- ☐ école publique et école privée
- ☐ laïcité
- ☐ grandes écoles

Les médias

- ☐ presse écrite: quotidiens, périodiques, presse nationale et régionale
- ☐ radio: monopole d'Etat, radios périphériques, radios libres
- ☐ télévision: chaînes publiques et privées, audimat
- ☐ internet: l'autoroute de l'information, le courriel, la fraude informatique

La Francophonie

- ☐ rôle du français dans le monde
- ☐ francophonie: l'OIF
- ☐ les pays membres
- ☐ Le Québec: Traité de Paris, révolution tranquille, PQ, loi 101

Textverständnis und Textanalyse

1 Was erwartet mich in der Abiturprüfung?

Die Abiturprüfung besteht aus vier Aufgabenbereichen:

Aufgabenbereich I: Textverständnis *(compréhension)*

Dieser Bereich beinhaltet **Fragen zum Text** und prüft damit das **Textverständnis**. Es wird auch erwartet, dass Sie den Inhalt des Textes, das heißt, dessen Hauptgedanken in Form eines *résumé* wiedergeben können.

Aufgabenbereich II: Textanalyse und Kommentar *(analyse et commentaire)*

Hier wird erwartet, dass Sie den Text in seiner Form genau unter die Lupe nehmen. Es wird weniger die Frage *Was sagt der Autor?* beantwortet, sondern eher die Fragen *Wie sagt es der Autor? Wie drückt es der Autor aus?* Es wird nach den (Sprach-)Mitteln und den Ausdrucksweisen gefragt, die verwendet werden, um die Botschaft des Textes zu übermitteln.

Aufgabenbereich III: Textproduktion *(travail d'écriture)*

Hier wird nicht nur die Beherschung der Sprache überprüft, sondern auch Ihre Fähigkeit, eigene Gedanken und Ihre persönliche Meinung zu einem bestimmten Thema klar und kohärent zu gliedern.

Aufgabenbereich Übersetzung *(version)*

In dieser Aufgabe muss ein literarischer oder ein sachlicher Text aus dem Französischen ins Deutsche übersetzt werden. Nicht das Textverständnis wird hier geprüft (dafür ist der Aufgabenbereich I, *compréhension* da), sondern die Fähigkeit die Strukturen und Ausdrucksweisen der französischen Sprache erkennen und diese mit den entsprechenden Mitteln in die Muttersprache übersetzen zu können.

Abhängig vom Bundesland, müssen die Bereiche I bis III, oder nur der erste und dritte Teil, sowie die Übersetzung bearbeitet werden.

Wie sieht die Textaufgabe aus?

Es können drei verschiedene Textarten als Vorgabe zur Textaufgabe dienen:

- ein literarischer Text, z. B. ein Auszug aus einem Roman, ein Gedicht oder ein Lied
- ein nicht-literarischer Text, ein sachlicher Text, z. B. ein Text zur Landeskunde
- eine visuelle Vorgabe, z. B. ein Foto, eine Karrikatur, Werbung, ein Comic, ein Diagramm usw.

Allerdings besteht meist keine Wahlmöglichkeit. Eventuell müssen zwei verschiedene Texte verglichen werden. Die Themen entsprechen den im Unterricht behandelten Themen. Das gilt sowohl für die literarischen als auch für die sachlichen (landeskundlichen) Teilbereiche.

2 Aufgabenbereich *compréhension*

Mit gezielten Teilaufgaben wird überprüft, inwieweit der Inhalt eines Textes verstanden wurde.

2.1 Wie lauten die Teilaufgaben?

Fragen mit einem Fragewort wie *Pourquoi ..., Comment ..., Quel/ Quelle ..., Qu'est-ce que/qui ..., Qu'est-ce qu'on entend par ...* etc.

Diese Fragen werden oft von den Ausdrücken *selon/d'après l'auteur, selon/d'après le texte, dans le texte ...* begleitet.

Beispiele:

- *Pourquoi le personnage principal décide-t-il d'émigrer en Amérique?*
- *Comment les immigrés sont-ils perçus par les autochtones?*
- *Quels sont, selon le texte, les problèmes auxquels sont confrontés les enfants d'immigrés?*
- *Qu'est-ce qu'on entend par «révolution tranquille»?*

Neben Fragesätzen werden oft **Aufforderungssätze** verwendet, um das Verständnis des Inhalts zu überprüfen. Es werden dann Verben wie *décrire, exposer, indiquer, présenter, situer* oder *résumer* gebraucht.

Beispiele:

- *Décrivez les relations entre la mère et sa fille présentées dans le texte.*
- *Exposez brièvement les problèmes auxquels font face les jeunes vivant dans les banlieues.*
- *Indiquez le sujet du texte.*
- *Présentez les raisons de la défaite du OUI au référendum sur la constitution européenne, telles qu'exposées dans le texte.*
- *Résumez le texte.*

2.2 Das *résumé*: praktische Tipps

- Eine Zusammenfassung soll informieren, aber nicht kommentieren. Sie muss dem Inhalt und der Struktur eines Textes treu bleiben. Also: **keine persönliche Stellungnahme** abgeben!
- Man kann nur das zusammenfassen, was man richtig verstanden hat. Deshalb: Lesen Sie den Text sorgfältig durch.
- Wenn Sie glauben, den Inhalt des Textes verstanden zu haben, lesen Sie ihn noch einmal durch, diesmal aber mit einem Stift in der Hand. Nummerieren Sie die Absätze durch und unterstreichen Sie die Hauptpunkte des Textes.
- Unterscheiden Sie zwischen wichtigen und überflüssigen Informationen. **Wichtig** sind Hauptpunkte, Argumente, aber auch Satzverknüpfungen, die über die Struktur des Textes informieren. **Überflüssig** sind in der Regel: Beschreibungen, Anekdoten, Beispiele, Zitate, Statistiken, Wiederholungen, Stilmittel wie Vergleiche und Namen von Personen.
- Schreiben Sie die Hauptpunkte, die Sie unterstrichen und nummeriert haben, auf ein extra Blatt Papier und fassen Sie jeden dieser Punkte zusammen.
- Tragen Sie die Ideen und Argumente in der selben Reihenfolge vor, wie sie im Text vorkommen. Übernehmen Sie den Plan des Originaltextes.
- Fügen Sie keine andere Einleitung und Schlussfolgerung in den Text ein. Verwenden Sie diejenigen, welche schon im Text enthalten sind.
- Vergessen Sie nicht, dass eine Zusammenfassung eine stark gekürzte Version des Ausgangstextes darstellt. Sie sollte daher nur ca. ein Fünftel so lang sein wie das Original.
- Bemühen Sie sich einen fließenden Text zu schreiben und keine Aneinanderreihung von Fakten. Vergessen Sie nicht Satzverknüpfungen zu verwenden.

3 Aufgabenbereich *analyse et commentaire*

Die Fragen dieses Aufgabenbereiches überprüfen, ob verstanden wurde, was genau der Autor mit seinen Aussagen gemeint hat. Es muss erläutert werden, wie und warum der Autor die Sachverhalte genau so darstellt und welche Sprachmittel er dafür benutzt. Es wird auch oft nach der Struktur des Textes oder des Gedichtes gefragt (Strophen, Verse, Reime).

3.1 Wie lauten die Teilaufgaben?

Neben **Fragen** wie *Comment ...* , *Pourquoi ...*, *Quels moyens ...* oder *Que représente ...* treten auch **Aufforderungssätze** mit Verben wie *analyser, caractériser, comparer, dégager, étudier, examiner, expliquer, faire le portrait de qn.* und *préciser* auf. Diese werden oft von Ausdrücken wie *de façon détaillée* oder *de plus près* begleitet.

Beispiele:
- *Comment le narrateur juge-t-il l'attitude des gens du village?*
- *Quelles figures de style le poète utilise-t-il?*
- *Pourquoi l'auteur utilise-t-il le pronom «nous»?*
- *Que représente le ravin à la ligne 25?*
- *Analysez l'attitude du personnage face aux événements décrits dans le texte.*
- *Caractérisez le personnage principal.*
- *Comparez l'attitude des deux personnages face à la mort du père.*
- *Dégagez les pensées du personnage principal lors de son arrestation.*
- *Examinez de plus près l'évolution psychologique du personnage principal dans cet extrait.*
- *Expliquez pourquoi le personnage principal refuse de collaborer.*
- *Faites le portrait de la mère du personnage principal.*
- *Précisez le sens du terme «liberté» dans ce contexte.*

3.2 Wie bearbeite ich eine Textanalyse?

- Als Erstes werfen Sie einen Blick auf die **Überschrift** oder den **Titel**. Beide können Ihnen eventuell etwas über den Inhalt des Textes verraten. Aber vielleicht auch nicht: Manchmal sind Überschriften sehr allgemein, manchmal sind sie mehrdeutig!
- Dann müssen Sie einen **generellen Eindruck** vom Text gewinnen. Also: Lesen Sie den ganzen Text einmal durch. In der Regel wissen Sie spätestens dann, welches Thema behandelt wird und vor allem auch, in welchem Stil oder Ton der Text gehalten ist.
- Wenn Sie wissen, wovon der Text handelt, lesen Sie die **Fragen** durch. Somit wissen Sie nach welcher Information Sie suchen müssen, wenn Sie den Text noch einmal durchlesen.
- **Lesen Sie den Text noch einmal sorgfältig** durch. Identifizieren Sie die Anhaltspunkte, die in den Fragen erwähnt werden. Unterstreichen oder markieren Sie alle Wörter oder Sätze, die Ihnen helfen können, die Fragen zu beantworten.
- Identifizieren Sie die **Schlüsselwörter** des Textes. Diese helfen Ihnen, die Kernaussagen des Textes zu verstehen. Schlüsselwörter sind hauptsächlich Substantive und Verben.
- Vergessen Sie nicht alle **Fuß- oder Endnoten**, die zum Text gehören, zu lesen. Diese liefern zusätzliche Informationen, die zum Verständnis des Textes beitragen können.
- Ein Blick auf die **Quelle** des Textes (meist angegeben) gibt Ihnen Auskunft über das **Zielpublikum**. Stammt der Text aus einer Zeitung oder einer Zeitschrift? Wenn ja, ist diese Publikation politisch eher links oder rechts gerichtet? Ein Autor von *Libération* wird eine andere Meinung vertreten und das Thema entsprechend anders behandeln als ein Journalist, der für *Le Figaro* schreibt.
- Genauso hilfreich ist es zu wissen, **wann und in welchem Kontext** ein Text geschrieben wurde. Welchem historischen, politischen oder sozialen Rahmen ist dieser Text zuzuordnen? Relevant sind historische Ereignisse sowohl zur Zeit des Erzählten als auch zur Zeit des Erzählers, wenn beide nicht übereinstimmen. Ebenso wichtig sind das zeitgenössische Gedankengut und das Gesamtwerk des Autors.

3.3 Wie beantwortet man die Fragen?

- Es ist äußerst wichtig, die Fragen sorgfältig durchzulesen um Missverständnisse zu vermeiden. Unterstreichen oder markieren Sie beim Lesen die wichtigsten Wörter. So vermeiden Sie, dass Sie den Sinn der Frage verfehlen.
- Beachten Sie, dass die Fragen meistens dieselbe Reihenfolge haben, wie die Textteile, die zum Beantworten der Fragen relevant sind.
- Beantworten Sie nicht die erste Frage, bevor Sie alle Fragen durchgelesen haben. Sonst besteht die Gefahr, dass Sie die gleiche Information bei mehr als einer Frage verwenden.
- Die Anzahl der maximalen Punkte, die bei einer Frage zu erreichen sind, gibt Ihnen Auskunft über die Länge der erwarteten Antwort. Offensichtlich wird bei einer Frage mit vielen Punkten mehr erwartet als bei einer Frage mit weniger Punkten.
- Halten Sie sich an die angegebene Anzahl der Wörter.
- Bei der Beantwortung der Fragen sollten Sie möglichst eigene Formulierungen verwenden. Übernehmen Sie nicht einfach Wörter und Phrasen aus dem Text, verwenden Sie lieber Synonyme oder unterschiedliche grammatikalische Strukturen.
  Beispiel:
  - *Le Président a déclaré que les Français seraient appelés à se prononcer sur la constitution européenne par voie de référendum.*
    ⇒ *Le Président a annoncé la tenue d'un référendum sur la constitution européenne.* (neue Struktur)
  - *Le Parti Québécois prône la souveraineté du Québec.*
    ⇒ *Le Parti Québécois vise l'indépendance du Québec.*
    (Synonyme)
- Die Anwort sollte nicht die Frage wiederholen. Dadurch wird die Frage nicht beantwortet, sondern nur kopiert und der Prüfer könnte dabei den Eindruck gewinnen, dass Sie nicht wissen, was Sie schreiben sollen. Beispiel:
  - *Pourquoi la majorité des Français a-t-elle rejeté le projet de constitution européenne lors du référendum de mai 2005?*

⇒ *La raison pour laquelle la majorité de Français a rejeté le projet de constitution européenne lors du référendum de mai 2005 est que* ... Falsch!

⇒ *La raison du NON français au projet de constitution européenne est* ... Richtig!

- Sie können kurze Zitate in Ihre Antwort einflechten. Übertreiben Sie aber nicht. Das Zitat wird durch die Anwendung des Anführungszeichen gekennzeichnet. Diese sehen im Französischen so aus: « ... ».

3.4 Sprachebene und Stil eines Textes

Die Anwendung einer bestimmten Sprachebene informiert Sie über den Autor aber auch über das Zielpublikum. Es ist offensichtlich, dass der *Président* in seinen Reden nicht dieselbe Sprache verwendet, wie der Sänger *Renaud* in seinen Liedern.

Im Französischen unterscheidet man unter anderem zwischen *langue littéraire, langue soutenue, langue familière courante* und *langue populaire*. Außerdem unterscheidet man zwischen *langue écrite* und *langue parlée*.

Langue littéraire: die Sprache der Literatur

Langue soutenue: die Sprache gebildeter Leute. Sie kommt in offiziellen Reden und Dokumenten vor. Die *langue soutenue* gehört vor allem der geschriebenen Sprache an, wird aber auch in der gesprochenen Sprache verwendet, wenn der Anlass etwas formeller ist. Die gehobene Sprache hält sich streng an die Regeln der Grammatik.

Langue familière courante: Die *langue familière courante* tritt sowohl in der geschriebenen als auch in der gesprochenen Sprache auf. Es ist die Sprache der Gebildeten, wenn sie sich zwanglos und privat z. B. im Familienkreis unterhalten. Es ist aber auch die Sprache der Presse und des Fernsehens. Sie richtet sich meistens nach dem *bon usage*. Man könnte die *langue familière courante* als eine eher „neutrale Sprache" bezeichnen.

Langue populaire: Die „Umgangssprache". Es ist die Sprache der Leute mit niedrigem Bildungsniveau, aber auch die Sprache der Jugend. Es kommt immer wieder vor, dass sich mit der Zeit einzelne Ausdrücke aus der *langue populaire* in die *langue familière* vordrängen, wie z. B. *bosser* für *travailler*.

Langue écrite und langue parlée: Hier gelten dieselben Unterscheidungskriterien wie im Deutschen zwischen der gesprochenen und geschriebenen Sprache.

Top im Sprachgebrauch

Wenn Sie die Bedeutung eines neuen Wortes in einem Wörterbuch nachschlagen, ist es immer sinnvoll auch gleich die **Sprachebene** zu beachten. Ein gutes Wörterbuch, einsprachig oder zweisprachig, wird Auskunft darüber geben, welchem Sprachniveau ein Wort angehört.

Dies erfolgt meistens durch eine Abkürzung wie *fam.* oder *pop.* ganz am Anfang. Diese Information ist genauso wichtig, wie das Genus und die Übersetzung.

Wenn Sie selber einen Text verfassen, vermeiden Sie die *langue populaire*. Verwenden Sie diese Sprachebene nur, wenn Sie sich der Bedeutung sicher sind und der Kontext es erlaubt.

3.5 Fachwortschatz zur Textarbeit

Verschiedene literarische Texte

la nouvelle .... die Novelle
le conte .... die Erzählung
la pièce de théâtre .... das Theaterstück
la fable .... die Fabel
le texte narratif .... der Erzähltext
le récit .... die Erzählung
la prose .... die Prosa
le conte de fées .... das Märchen
les mémoires .... die Memoiren
le roman .... der Roman
le poème .... das Gedicht
la chanson .... das Lied

Der Autor

l'auteur .... der Autor
le romancier .... der Romanschriftsteller
le poète .... der Dichter
le dramaturge .... der Dramatiker
l'auteur-compositeur .... der Liedermacher

Der Erzähler

le narrateur-personnage .... der Ich-Erzähler
le narrateur omniscient .... der auktoriale/allwissende Erzähler
le narrateur effacé ou neutre .... der personale Erzähler

Die Stilmittel

l'antithèse .... die Antithese
la comparaison .... der Vergleich
l'énumération *(f.)* .... die Aufzählung
la gradation .... die Steigerung
l'hyperbole *(f.)* .... die Hyperbel
la métaphore .... die Metapher

l'anaphore *(f.)* .... die Anapher
la personnification .... die Personifikation
la question rhétorique .... die rhetorische Frage
la répétition .... die Wiederholung
l'euphémisme *(m.)* .... der Euphemismus
le symbole .... das Symbol
l'allitération *(f.)* .... die Alliteration
l'allégorie *(f.)* .... die Allegorie
le chiasme .... der Chiasmus
la redondance...................... die Redundanz
la litote .... die Litotes
le paradoxe .... das Paradoxon
le pléonasme .... der Pleonasmus
le sens figuré .... der übertragene Sinn
le sens concret .... die konkrete Bedeutung
le jeu de mot .... das Wortspiel
le cliché .... das Klischee

Die Erzählweise

la forme de narration............. die Erzählweise
le style direct..................... die direkte Rede
le style indirect .... die indirekte Rede
le style indirect libre .... die erlebte Rede
le monologue intérieur .... der innere Monolog

Die Handlung

l'action *(f.)* .... die Handlung
l'intrigue *(f.)* .... die Handlung, der Plot
l'action principale................ die Haupthandlung
l'action secondaire .... die Nebenhandlung
l'ordre chronologique *(m.)* .... die chronologische Reihenfolge
le nœud .... der Knoten
le point culminant .... der Höhepunkt
le dénouement.................... der Ausgang

Die Protagonisten

le personnage .... die Figur
le personnage principal .... die Hauptfigur
le héros/l'héroïne .... der Held/die Heldin

Das Theater

une tragédie .... eine Tragödie
un drame .... ein Drama
une comédie .... ein Lustspiel, eine Komödie
un sketch .... ein lustiger Einakter, ein Sketch
un acte .... ein Akt
une scène .... eine Szene
un prologue .... ein Vorspiel, Prolog
un épilogue .... ein Epilog (Nachwort, Nachspiel, Ausklang)
une exposition .... eine Exposition, Einleitung
une réplique .... eine Antwort

Das Buch

le livre est intitulé ... . das Buch hat den Titel ...
au premier/dernier chapitre ...... im ersten/letzten Kapitel
à la première/dernière page ...... auf der ersten/letzten Seite
un passage .... eine Stelle
un paragraphe .... ein Absatz
une ligne .... eine Zeile

L'analyse

raconter qch. .... etw. erzählen
faire le récit de qch. .... von etw. berichten
rapporter que .... berichten, dass
décrire qch. .... etw. beschreiben
s'inspirer de qch. .... sich von etw. inspirieren lassen
aborder un thème .... ein Thema anschneiden
traiter un problème .... ein Problem behandeln
faire le portrait d'un personnage . . eine Person schildern
peindre les mœurs .... die Sitten schildern

s'adresser à qn. .... sich an jdn. wenden
le point de départ .... der Ausgangspunkt
l'action se passe à ... . die Handlung spielt in ...
revenir en arrière .... rückblenden
le retour en arrière .... die Rückblende
l'intention *(f.)* de l'auteur .... die Absicht des Autors
un angle de vue .... ein Blickwinkel
faire allusion à qch. .... eine Anspielung auf etw. machen
le message .... die Botschaft
la réflexion .... die Überlegung

Die Dichtung

la poésie .... die Dichtung
la poésie lyrique .... die lyrische Dichtung
la poésie épique .... das epische Gedicht
la strophe .... die Strophe
le vers .... der Vers
un alexandrin .... ein Alexandriner
(vers de 12 syllabes)
la rime .... der Reim
la rime plate (aabb) .... der Paarreim
la rime alternée (abab) .... der Kreuzreim
la rime embrassée (abba) .... der umfassende Reim

Nichtliterarische Texte

le rapport........................ der Bericht
l'exposé *(m.)* .... die Darstellung/Darlegung
le discours .... die Rede
l'éditorial *(m.)* .... der Leitartikel
l'article *(m.)* .... der Artikel
les faits divers .... die Lokalnachrichten, Verschiedenes
un essai .... ein Essay
un texte publicitaire .... ein Werbetext

Der Aufbau des Textes

la composition du texte .... der Aufbau des Textes
l'introduction *(f.)* .... die Einleitung
la partie principale .... der Hauptteil
la conclusion .... der Schluss
l'idée principale .... der Haupt-/Kerngedanke
le gros titre .... die Schlagzeile
la colonne .... die Spalte/Kolonne

Die Absicht des Textes

soutenir une thèse .... eine These vertreten
réfuter une thèse .... eine These widerlegen
illustrer un argument .... ein Argument veranschaulichen
persuader/convaincre qn. .... jdn. überzeugen
démasquer qch. .... etw. aufdecken
accuser qn. .... jdn. beschuldigen
ridiculiser qch./qn. .... etw./jdn. lächerlich machen
faire appel à qn./qch. .... an jdn./etw. appellieren

4 Aufgabenbereich *travail d'écriture (commentaire personnel)*

Dieser Aufgabenbereich überprüft die Fähigkeit, sich persönlich über ein gegebenes Thema zu äußern. Dabei zählt nicht nur die Beherrschung der grammatischen Regeln, sondern auch die klare und kohärente Gliederung der Gedanken. Das Thema ist oft dem zuvor bereits bearbeiteten Text entnommen.

4.1 Wie lauten die Teilaufgaben?

Die Teilaufgaben werden meistens als **Aufforderungssätze** formuliert, welche Verben wie *commenter, discuter, juger, justifier* oder *peser le pour et le contre* beinhalten.

Beispiele:
- *Commentez la position de l'auteur en ce qui a trait à l'immigration clandestine.*
- *Discutez la situation des jeunes immigrés dans les banlieues.*
- *Jugez l'attitude des non-fumeurs.*
- *Les lois anti-tabac sont-elles discriminatoires? Justifiez votre réponse.*
- *Pesez le pour et le contre de l'utilisation de l'internet.*

4.2 Wie schreibe ich einen *commentaire personnel*?

Im *commentaire personnel* wird von Ihnen verlangt, dass Sie sich zu einem Problem, einer These oder einer Frage **persönlich äußern**. Erwartet wird weder eine poetische oder literarische Überlegung noch eine detaillierte Beschreibung, sondern eine fundierte Auseinandersetzung mit dem Thema. Sie müssen also anhand Ihrer Argumentation den Leser von Ihrer Meinung und Ihren Ideen **überzeugen**. Das geschieht natürlich nicht, indem man seine Argumente einfach nur auflistet: das Ganze braucht eine Struktur.

4.3 Die Struktur

Um Ihren Gedanken eine Struktur zu geben, benötigen Sie zunächst eine Gliederung.

- ***1. Introduction* (Einleitung):** Die Einleitung stellt das Thema, die Frage oder die These vor. Sie kündigt an, worum es sich in dem Text handeln wird.
- ***2. Partie principale* (Hauptteil):** Hier werden die Ideen und Gedanken oder die Argumente dargelegt.
- ***3. Conclusion* (Schluss):** Der Schluss bringt eine Synthese der Argumentation und wiederholt die Meinung des Verfassers.

Aber bevor Sie überhaupt mit dem Schreiben beginnen, sollten Sie ein paar Schritte beachten: zuerst müssen Sie die Frage genau lesen und verstehen. Dann können Sie Ihre Ideen sammeln und schließlich im Hauptteil systematisch anführen.

4.4 Die Frage verstehen

Es werden meistens zwei oder mehr Fragen oder Themen zur Auswahl gestellt. Wenn Sie sich für die eine oder die andere Frage entschieden haben, müssen Sie sich vergewissern, dass Sie alle Aspekte der Frage verstanden haben. Das heißt, Sie müssen die Frage noch einmal durchlesen und analysieren.

- Wie ist die Frage formuliert?
- Wovon ist die Rede bzw. was ist der Gegenstand der Frage?
- Unter welchen Gesichtspunkten muss ich die Frage beantworten? Was ist die Absicht der Frage?

Nehmen wir zum Beispiel die Frage *Le téléphone portable est-il un outil de communication indispensable de nos jours?* Man kann hier sagen, dass der Gegenstand der Frage *le téléphone portable* ist. Die Absicht oder der Gesichtspunkt ist *un outil de communication*.

Wenn Sie den Gegenstand und die Absicht der Frage festgestellt haben, bleiben Wörter übrig, die Auskunft darüber geben, in welcher Beziehung diese zwei Komponenten stehen. Diese Wörter nennt man

Verbindungswörter. In unserem Beispiel sind das *indispensable de nos jours*.

Dieses Vorgehen ist wichtig um zu vermeiden, dass Sie das Thema verfehlen. Es bringt nichts, wenn Sie einen gut strukturierten und fundierten Aufsatz geschrieben haben, aber dafür die falschen Gesichtspunkte (oder vielleicht gar keine) berücksichtigt haben. Wenn Sie jetzt zum Beispiel einen Aufsatz schreiben würden, in dem Sie nur die Vorteile des Handys auflisten, dann hätten Sie die Frage nicht komplett beantwortet.

4.5 Ideen sammeln

Wenn Sie die Frage analysiert haben, können Sie anfangen Ideen zu sammeln, wie zum Beispiel in nachfolgender Stoffsammlung in Form einer „Mind-map“ zum Thema Immigration:

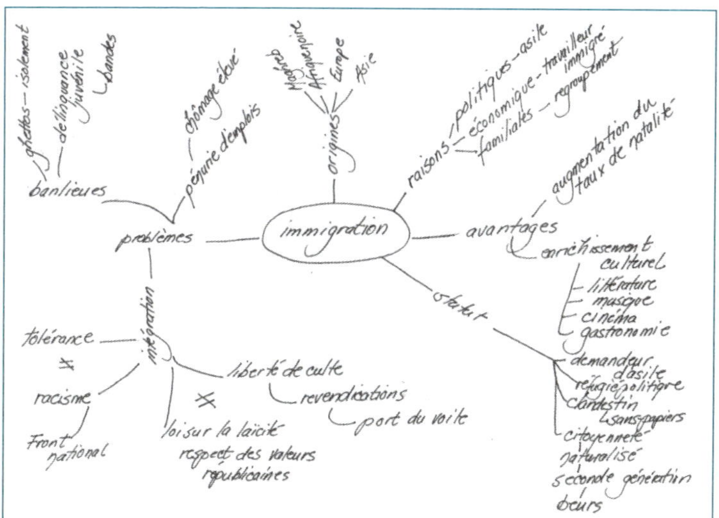

4.6 Ideen organisieren: die Gliederung des Hauptteils

Um Ideen zu organisiern, gibt es verschiedene Typen von Gliederungen.

Die dialektische Gliederung (These, Antithese, Synthese)

Diese ist die klassische Gliederung der Dissertation. Nehmen wir zum Beispiel die Frage: *Les lois anti-tabac sont-elles discriminatoires?*

- **These:** *Les lois anti-tabac sont discriminatoires, car elles font des fumeurs des citoyens de seconde classe. Elles les briment de leur liberté de décision. Ils sont isolés.*
- **Antithese:** *Les fumeurs sont toujours libres de fumer dehors ou à la maison. S'ils fument partout, ils nuisent aux non-fumeurs.*
- **Synthese:** *La liberté des uns s'arrête là où commence la liberté des autres. Il faut trouver des compromis, comme l'instauration de fumoirs.*

Die Synthese kann auch als allgemeiner Schluss im Text verwendet werden.

Variante der dialektischen Gliederung

Beispiel 1:

- **Beispielfrage:** *Faut-il avoir lu pour être cultivé?*
- **Gegnerische These:** *Celui qui lit, connaît la littérature, l'art, l'histoire. Il est donc cultivé.*
- **Widerlegung:** *Celui qui lit la presse à sensation ou des romans à l'eau de rose n'a pas nécessairement une grande culture générale.*
- **Persönliche These:** *La lecture n'est qu'un moyen de véhiculer la culture. On peut aussi accéder à la culture à travers d'autres médias comme la télévision, la radio ou le cinéma.*

Beispiel 2:

- **Beispielfrage:** *Faut-il adopter les enfants des pays les plus pauvres?*
- **Persönliche These:** *Adopter un enfant du Tiers-monde pose de nombreux problèmes. Le racisme en est un.*
- **Einwände:** *En adoptant un enfant du Tiers-monde, on lui offre la chance de grandir dans un monde sans guerre, sans famine et d'aller à l'école.*
- **Widerlegung der Einwände:** *Plutôt que sortir un seul enfant de la misère par l'adoption, il vaut mieux aider plus d'enfants à travers l'aide humanitaire dans leur pays.*

Pro und Contra

Diese Gliederung ähnelt der dialektischen Gliederung. Sie stellt die Argumente in zwei Gruppen dar: die Argumente für und gegen eine These.

- **Beispielfrage:** *Quels sont les avantages et les inconvénients du portable?*
- **Pour:**
  - *On peut appeler et être appelé partout et en tout temps.*
  - *On peut organiser son emploi du temps de façon plus spontanée.*
  - *On se sent en sécurité. On peut demander de l'aide dans des situations d'urgence.*
- **Contre:**
  - *On n'a plus de sphère privée.*
  - *Les coûts d'utilisation sont élevés.*
  - *On y devient facilement accro.*

4.7 Die Einleitung

Die Einleitung dient dazu den Leser an die Problematik heranzuführen, muss also das Thema des Textes beinhalten. Es gibt verschiedene Möglichkeiten:

- Sie können sich auf ein Ereignis berufen:
  Musterfrage: *Que devrait-on faire contre la délinquance juvénile?*
  Einleitung: ***Il y a quelques jours**, des jeunes ont agressé une vieille dame dans une station de métro à Paris. **Cet incident pose encore une fois la question** des mesures à prendre contre la délinquance juvénile.*
  Andere Ausdrücke dieser Art:
  • *A la suite de l'incident …*
  • *L'accident qui s'est produit … montre que …*
  • *Il ne se passe pas de semaine sans qu'on ne signale …*

- Führen Sie eine gelesene oder gehörte Aussage an:
  Musterfrage: *Devrait-on interdire aux jeunes l'accès à l'internet?*
  Einleitung: ***Dans une étude consacrée à** l'utilisation de l'internet, **l'auteur affirme que** les jeunes qui passent des heures à naviguer sur le web risquent d'y devenir accro. Devrait-on par conséquent leur en interdire l'accès?*
  Andere Ausdrücke dieser Art:
  • *On parle beaucoup de …*
  • *Certains affirment que …*
  • *Dans une entrevue accordée au quotidien … le Président a déclaré que …*

- Stellen Sie eine allgemein verbreitete Meinung dar:
  Musterfrage: *Les jeunes d'aujourd'hui ne s'intéressent plus à la politique. Discutez.*
  Einleitung: ***Est-il vrai que** les jeunes d'aujourd'hui ne s'intéressent plus à la politique **comme le prétendent de nombreuses personnes**?*

Andere Ausdrücke dieser Art:

- *Telles sont quelques-unes des réflexions souvent entendues au sujet de ...*
- *Est-ce bien vrai que ...?*
- *On entend ce genre de remarques tous les jours. Est-ce bien vrai?*

Muss ich die Frage in der Einleitung wiederholen?

Sie sollten in der Einleitung die Frage, die Ihnen gestellt wurde, mit eigenen Worten wiederholen. Hier sind einige Beispiele:

- *On doit ainsi se poser la question suivante: Faut-il une réforme du rythme scolaire allemand?*
- *La question de la réforme du rythme scolaire allemand est à nouveau posée.*
- *Faut-il une réforme du rythme scolaire allemand? Telle est la question posée par ceux qui cherchent à expliquer les mauvais résultats des élèves allemands.*
- *La question est donc de savoir s'il faut instaurer la journée complète d'enseignement.*

Die Frage, ob...

Die Konstruktion *Die Frage ob* ... ist im Französischen nicht möglich, weil eine indirekte Frage nicht mit einem Substantiv verknüpft werden kann. Man muss die Konstruktion mit dem Verb *savoir* umschreiben.

Beispiel: *Es stellt sich wieder die Frage ob Ganztagsschulen die Leistung der deutschen Schüler verbessern könnten.*

- *La question de savoir si la journée complète d'enseignement pourrait améliorer la performance des élèves allemands est à nouveau posée.*
- **Vorsicht! Keine Inversion:** *Il se pose la question de savoir si la journée complète d'enseignement ~~pourrait elle~~ améliorer la performance des élèves allemands.* **Falsch!**
- *Il se pose la question de savoir si la journée complète d'enseignement pourrait améliorer la performance des élèves allemands.* **Richtig!**

4.8 Der Hauptteil

Sie haben vorher schon Ideen gesammelt und sich für eine Gliederung entschieden. Jetzt wird Ihre Argumentation dargelegt.

Ein paar Aspekte müssen Sie dabei beachten: Die verschiedenen Teile Ihrer Argumentation sollten eine **logische Verknüpfung** aufweisen. Vergessen Sie dabei nicht, dass die Argumente, die zuletzt erwähnt wurden auch die sind, die eher im Gedächtnis bleiben. Das heißt also: führen Sie zuletzt Argumente auf, die Ihre Meinung vertreten. Ihre Argumentation sollte natürlich auch mit der gestellten Frage und Ihrer Meinung zusammenhängen.

Jeder Aspekt Ihrer Argumentation sollte deutlich erörtert und durch mindestens ein Argument erläutert werden. Dabei ist es sinnvoll verschiedene Typen von Argumenten zu verwenden.

Verschiedene Typen von Argumenten

Fakten: Ereignisse oder Dinge, die man nachweisen kann

Aussagen: Es wird jemand zitiert, der über etwas berichtet oder etwas bezeugt. Diese Person wird wie in einem Zitat erwähnt.

Verweise: Statistiken, Forschungsberichte, Ergebnisse von Umfragen und Untersuchungen. Diese Daten oder Angaben sind alle objektiv und wissenschaftlich.

Allgemeine Äußerungen: Äußerungen, die der Allgemeinheit, der Norm, dem Brauch angehören (z. B. Sprichwörter)

Vergleiche: Es werden Tatsachen, Ereignisse oder Situationen miteinander verglichen um entweder deren Ähnlichkeiten oder Unterschiede hervorzuheben.

Werte: Regeln oder Prinzipien, die von der Allgemeinheit als erstrebenswert gesehen werden (z. B. Demokratie, Freiheit, Solidarität)

Gefühle: Nicht nur messbare, nachweisbare Fakten können überzeugen, sondern auch Gefühle wie Mitgefühl, Angst, Zugehörigkeit ...

Wie zähle ich Argumente auf?

Sie haben Ihre Ideen organisiert und Argumente ausgesucht um diese zu veranschaulichen. Die ausgewählten Argumente sollten aber nicht willkürlich aufgelistet werden, sondern eine gewisse Ordnung aufweisen. Die folgenden Ausdrücke dienen dazu diese Ordnung zu verdeutlichen.

Am Anfang einer Auflistung

tout d'abord .... zuallererst
d'abord .... zuerst
en premier lieu .... an erster Stelle
pour commencer .... zunächst
premièrement .... als erstes
On sait déjà .... Wie man bereits weiß, ...

An einer Zwischenposition

ensuite .... dann
de plus .... was noch
en outre .... außerdem
qui plus est .... und zudem
de surcroît .... überdies
à cela s'ajoute que .... dazu kommt noch, dass
encore .... noch
en xème lieu .... an ... Stelle
par ailleurs .... sonst, ansonsten
d'autre part .... andererseits
puis .... dann
en ce qui concerne .... was ... betrifft
pour ce qui est de .... was ... betrifft

Auf der gleichen Ebene

également .... gleichermaßen
de même .... ebenso
de la même manière .... von der gleichen Art

An letzter Stelle

en dernier lieu .... an letzter Stelle
enfin .... zuletzt, schließlich
pour terminer/achever .... zum Schluss

Wortschatz zur logischen Verknüpfung

Sie müssen nicht nur Ihre Argumente in eine Reihenfolge bringen, sondern auch zeigen, wie sie miteinander verknüpft sind. Zudem sollten Sie z. B. den Zweck einer Maßnahme erklären, die Ursache für eine Situation erläutern oder die Folgen einer Aktion darlegen. Sie müssen eventuell die Gegensätzlichkeit zweier Einstellungen zeigen oder eine Tatsache zugestehen.

Den Zweck für etwas nennen (le but)

- pour que/afin que/de sorte que + Subjonctif – **damit ...**
  Les autorités ont imposé un couvre-feu pour que la population se sente plus en sécurité.
- dans le but de/afin de/pour + Infinitif – **um ... zu**
  Ils ont condamné ce jeune délinquant dans le but de donner un exemple.
- de manière que/de façon que + Subjonctif – **so ..., dass**
  Ils ont fait des économies toute leur vie de manière que leurs enfants puissent faire des études plus tard.
- de façon à/de manière à + Infinitif – **um ... zu**
  Ils ont travaillé dur de manière à se payer une belle retraite.
- pour que ... ne pas/afin que ... ne pas + Subjonctif – **damit ... nicht/um ... nicht zu**
  Le gouvernement a instauré une loi anti-tabac pour que les fumeurs ne gênent plus les non-fumeurs.
- pour ne pas/afin de ne pas + Infinitif – **damit ... nicht/um ... nicht zu**
  Beaucoup de jeunes ne fument pas pour ne pas nuire à leur santé.

- de peur que ... (ne)/de crainte que ... (ne)+ Subjonctif – **aus Angst davor ...**
  Ils ont voté pour le FN de peur que le nombre d'immigrés (n')augmente encore plus.
- de peur de/de crainte de + Infinitif ou Substantif – **aus Angst davor .../vor ...**
  Elle ne sort jamais seule de crainte d'être agressée/d'une agression.
  Nicht vergessen! bei verschiedenen Subjekten in Verbindung mit *pour que, afin que, de façon que, de manière que, de crainte que* etc. muss der *Subjonctif* verwendet werden, sind die Subjekte gleich, wird der *Infinitif* verwendet.

Die Ursache für etwas nennen (la cause)

- parce que – **weil**
  Ils n'a pas été réélu parce que la population était insatisfaite de sa politique économique.
- car – **denn** (tritt vor allem in der Argumentation auf, steht nie am Satzanfang)
  Les lois anti-tabac sont justifiées car fumer est mauvais pour la santé.
- en effet – **nämlich, in der Tat** (erklärt, was gerade gesagt wurde)
  Mme Samson a quitté son poste. En effet, elle a choisi de retourner aux études.
- comme – **da** (die Ursache ist bekannt, immer am Satzanfang)
  Comme les transports en commun sont en grêve, je devrai prendre la voiture.
- étant donné que – **in Anbetracht der Tatsache** (man stellt die Ursache fest, immer am Satzanfang)
  Etant donné que vous n'avez pas terminé vos études, vous aurez du mal à trouver un emploi.
- sous prétexte que – **unter dem Vorwand, dass**
  Ils ont mis à pied une centaine d'employés sous prétexte que les commandes avaient diminué.

- sous prétexte de + Infinitif (gleiches Subjekt) – **unter dem Vorwand, dass**
  Son mari rentre tard le soir sous prétexte d'avoir beaucoup de travail.
- à cause de – **wegen** (oft mit etwas Unangenehmen verbunden)
  Certains croient que le taux de chômage est élevé à cause du grand nombre d'immigrés en France.
- en raison de – **aufgrund** (formelle Sprache)
  Les autorités ont fermé l'aéroport en raison des attentats terroristes.
- grâce à – **dank einer Sache/Person** (die Ursache wird positiv bewertet)
  Grâce à la vigilance de la population, les autorités ont réussi à arrêter le coupable.
- faute de – **aus Mangel an**
  Faute d'investisseurs, le projet ne pourra être réalisé.

Die Folgen, das Ergebnis von etwas nennen *(la conséquence)*

- alors – **also**
  Les électeurs n'étaient pas convaincus des promesses du candidat. Alors il n'a pas été élu.
- aussi – **daher, deshalb** (formell, auf *inversion* achten)
  Le ministre a avoué avoir menti lors de l'enquête. Aussi a-t-il dû démissioner.
- c'est pourquoi – **deshalb**
  Les transports en commun sont en grêve aujourd'hui. C'est pourquoi j'ai pris ma voiture.
- donc – **also**
  Pierre n'a pas assez travaillé, donc il a échoué à l'examen.
- si bien que – **so sehr, dass**
  La pluie ne cesse de tomber si bien que des routes devront être barrées.

- par conséquent – **infolgedessen, folglich** (formelle Sprache)
  Quelques élèves ont été victimes d'une intoxication alimentaire. Par conséquent, la direction a procédé à la fermeture de la cantine.
- résultat: – **Fazit:** (gesprochene Sprache)
  Il s'est couché à deux heures du matin. Résultat: il est arrivé en retard à ses cours.
- d'où – **daher** (das Ergebnis ist schon bekannt)
  Elle est végétarienne, d'où son refus de manger de la viande.
- sans que + Subjonctif – **ohne dass** (verschiedene Subjekte)
  Elle ne peut sortir sans que son mari lui demande où elle va.
- sans + Infinitif – **ohne dass** (gleiche Subjekte)
  Il ne peut caresser un chat sans éternuer.

Gegensätzliche Ideen ausdrücken *(l'opposition)*

- alors que/tandis que – **während**
  André aime lire des romans de science-fiction alors que/tandis que Linda préfère les biographies.
- au contraire – **im Gegenteil** (Vorsicht: leitet einen bejahten Satz nach einem verneinten Satz ein!)
  Les jeunes d'aujourd'hui ne sont pas racistes. Au contraire, ils sont beaucoup plus tolérants qu'il y a cinquante ans.
- à l'opposé – **im Gegenteil**
  Certaines personnes ne peuvent pas se passer de leur téléphone portable. A l'opposé, d'autres n'en possèdent même pas.
- inversement – **hingegen, jedoch**
  Benedikt est un enfant très calme. Inversement, sa sœur Alexandra ne peut rester assise plus d'une minute.
- en revanche (langue soutenue)/par contre (langue familière courante) – **dagegen, dafür**
  Les jeunes d'aujourd'hui ne s'écrivent plus de lettres. En revanche, ils s'écrivent des méls.

- contrairement à/à l'opposé de/à l'inverse de – **anders als, im Gegensatz zu, entgegen**
  Contrairement aux prédictions, le candidat favori n'a pas remporté les élections.
- à la place de (+ nom)/au lieu de (+ nom/infinitif) – **an Stelle von, anstatt**
  Pour faire ses études, elle a choisi Paris à la place de Lyon.
  Au lieu d'habiter à Lyon, elle habitera à Paris.

Ein Zugeständnis machen *(la concession)*

- bien que/quoique + subjonctif – **obwohl**
  Bien qu'il ait reconnu sa culpabilité dans l'affaire, les électeurs l'ont réélu.
- sans que + subjonctif – **ohne dass**
  Il a pris les cléfs de la voiture sans que ses parents le sachent.
- encore que + subjonctif – **obwohl** (nuanciert eine Aussage)
  L'automne est superbe au Québec encore qu'il puisse faire assez froid.
- même si + indicatif/quand bien même + conditionnel – **selbst wenn**
  Même si tu as beaucoup de talent, tu n'as aucune chance d'obtenir ce rôle. Quand bien même je lui dirais, il ne m'écouterait pas.
- pourtant – **jedoch, trotzdem**
  Cet acteur a joué dans plusieurs grands films, pourtant il est aujourd'hui sans le sou.
- cependant/toutefois – **jedoch**
  Votre curriculum vitae est excellent. Cependant/Toutefois, nous n'avons pas de poste à combler en ce moment.
- quand même – **trotzdem** (après le verb)
  Cet enfant est beaucoup trop gros, sa mère lui donne du chocolat quand même.
- néanmoins – **trotzdem, dennoch, nichtsdestoweniger**
  Elle aime beaucoup faire ses études à Montréal, néanmoins elle trouve l'hiver un peu long.

- malgré/en dépit de + Nom/Pronom – **trotz**
  Il joue régulièrement au tennis malgré/en dépit de son handicap.
- au risque de + Infinitif – **auf die Gefahr hin**
  Julie s'est inscrite au conservatoire d'art dramatique au risque de déplaire à ses parents.
- mais – **aber**
  J'irais bien avec toi, mais je n'ai pas le temps.
- or – **jedoch**
  Je suis une grande admiratrice de cet écrivain. Or, son dernier roman ne m'a pas plu.
- par ailleurs – **sonst, ansonsten** (nuanciert eine negative Aussage)
  Ce médecin, par ailleurs très brillant, est très désagréable envers ses patients.

Tipp vom Profi:

Trainieren Sie mit dem hier angegebenen Wortschatz:

- Übersetzen Sie unsere Beispielsätze erst ins Deutsche, machen Sie dann anschließend eine Rückübersetzung ins Französische.
- Decken Sie unseren Beispielsatz ab und formulieren Sie eigene Sätze.

Wie drücke ich meine Meinung aus?

Der *Commentaire personnel* verlangt von Ihnen, dass Sie Ihre Meinung zu der gestellten Frage oder dem Thema mitteilen. Das können Sie auf zwei verschiedene Arten machen, indem Sie Ihre Meinung explizit oder implizit ausdrücken.

- Man formuliert seine Meinung **explizit**, indem man Ausdrücke wie *Je crois que ..., Je pense que ... , Je suis d'avis que ...* einsetzt.
- Die **implizit** ausgedrückte Meinung erkennt man nicht auf den ersten Blick, da sie nicht von Ausdrücken wie *Je crois que ...* eingeleitet wird. Man erkennt eher am Kontext, dass es sich hier um die Meinung des Verfassers handelt. Es gibt viele Möglichkeiten, seine Meinung implizit zum Ausdruck zu bringen:
  - durch einen Ausruf: *Il est irresponsable de laisser un enfant regarder seul la télévision!*
  - durch Humor, Ironie oder Karrikatur
  - durch Zitate oder Sprichworte, die zeigen, dass man derselben Meinung ist

Egal ob implizit oder explizit, die Meinung sollte immer **eindeutig** sein. Sie darf allerdings nuanciert sein. Man bringt dann entweder einen Einwand, ein Gegenargument oder ein Zugeständnis in der Argumentation. Man kann es auch einfach so ausdrücken: *Je suis pour le clonage humain, mais avec une réserve ...*

Hilfreiche Formulierungen

selon/d'après moi/à mon avis .... meiner Meinung nach
en ce qui me concerne/
pour ma part/quant à moi ...... was mich betrifft
je suis d'avis que + ind. .... ich bin der Meinung, dass
je pense que + ind. .... ich denke, dass
j'estime que + ind. .... ich meine, dass
je crois que + ind. .... ich glaube, dass
je trouve que + ind. .... ich finde, dass
je suis convaincu que + ind. ..... ich bin davon überzeugt, dass

il me semble que + ind.	mir scheint, dass
je partage l'opinion de l'auteur	ich bin der Meinung des Autors
je suis du même avis	ich bin der selben Meinung
l'auteur a raison en disant	der Autor hat Recht, wenn er sagt
je doute fort que + subj.	ich zweifle stark daran

Grammatik nicht vergessen

- Nach Verben des Meinens und Denkens verwendet man den *Indicatif*, es sei denn, sie werden verneint:
  Je pense qu'on doit interdire le clonage humain.
  Je ne pense pas qu'on ait le droit de jouer avec le code génétique.
- Nach Verben des Zweifelns nimmt man auf jeden Fall den *Subjonctif:*
  Je doute fort qu'on puisse intervenir contre la fraude informatique.

4.9 Der Schluss

Beginnen Sie die *conclusion* (den Schluss, die Schlussfolgerung) mit einem neuen Absatz. Achten Sie dabei auch auf einen flüssigen Übergang. Fassen Sie die Hauptgedanken Ihrer Argumentation nochmals kurz zusammen und wiederholen Sie deutlich Ihren Standpunkt zum Thema.

Einige Wörter und Ausdrücke

donc	also
finalement	schließlich
en définitive	letzten Endes
somme toute/en somme/ en fin de compte	alles in allem
tout bien réfléchi/considéré/ toute réflexion faite/	nach reichlicher Überlegung
après tout	schließlich

il résulte de ce qui précède/ on voit par ce qui précède ..... daraus ergibt sich
quoi qu'il en soit .... wie dem auch sei
ainsi .... so
en résumé .... zusammenfassend
on peut conclure en disant .... zum Schluss kann man sagen

Checkliste:

- ☐ Habe ich alle Komponenten der Frage in meinem Aufsatz berücksichtigt? Gegenstand (Objekt), Absicht (Intention) und Verbindungswörter?
- ☐ Habe ich meinem Aufsatz eine Struktur gegeben? Einleitung – Hauptteil – Schluss
- ☐ Sind meine Gedanken in einer logischen Reihenfolge verknüpft? Ist eine Gliederung zu erkennen?
- ☐ Habe ich meine Ideen mit verschiedenen Argumenten verdeutlicht und logisch aufgelistet?
- ☐ Habe ich die logischen Verknüpfungen zwischen den verschiedenen Sätzen und Satzteilen mit dem entsprechenden Wortschatz deutlich gemacht?
- ☐ Ist die Sprache präzise und abwechslungsreich? Habe ich idiomatische Wendungen verwendet?
- ☐ Habe ich alle Flüchtigkeitsfehler (Angleichungen, Konjugationen, Verbkonstruktionen, Rechtschreibung) verbessert?

5 Beispieltexte und Musterlösungen

5.1 Beispiel 1: landeskundlicher Text

Discrimination positive: progrès ou injustice?

C'est un problème permanent depuis plus de vingt ans en France: comment mieux intégrer dans la société les Français originaires d'Afrique noire et du Maghreb? Ceux-ci souffrent souvent d'une faible qualification mais aussi du racisme. Pour renforcer la cohésion sociale du pays, une nouvelle solution est proposée par certains hommes politiques et intellectuels: la discrimination positive.

Ce concept est la traduction française de la notion américaine *d'affirmative action*. Elle consiste à faciliter la promotion sociale des minorités ethniques en leur donnant dans certains domaines plus de droits que la population «blanche». L'exemple type est l'éducation: aux États-Unis, les étudiants des minorités ethniques peuvent entrer dans certaines universités en ayant de moins bonnes notes que leurs camarades blancs. [...]

Faut-il adopter de telles politiques en France? Le débat a vite traversé les frontières politiques traditionnelles. Le gouvernement de Jacques Chirac a très médiatiquement nommé un préfet et un recteur musulmans pour montrer sa volonté d'avancer dans cette direction. Pourtant une telle politique pose un problème à droite comme à gauche. Si on donne des droits supplémentaires aux Noirs par exemple, on reconnaît implicitement l'existence de groupes ethniques ou religieux. Mais ce point choque, car la France se définit toujours comme «une et indivisible».

Légalement, la France n'est constituée que de citoyens anonymes dont la religion ou l'origine ne concerne personne à part eux. Aucun document officiel français ne mentionne donc la religion d'une personne. Cette conception date de la Révolution française et était destinée à faciliter l'intégration des Juifs et des protestants si souvent persécutés jadis. Depuis, la déportation des Juifs pendant la seconde guerre mondiale et la politique coloniale de la France ont fait de la notion de race un thème presque tabou. [...]

Pourtant, la France n'est pas si hostile à la discrimination positive. Des quotas existent déjà pour favoriser l'emploi des handicapés dans les entreprises ou la représentation des femmes dans les élections. Surtout, sans le savoir vraiment, la France fait depuis longtemps une forme de discrimination positive: la discrimination positive territoriale. En effet, l'État soutient financièrement de multiples manières les zones les plus pauvres de France, en générale des banlieues de grandes villes. Les entreprises y paient moins d'impôts, les écoles y ont des moyens plus importants destinés à compenser la faiblesse des élèves, etc. Or, l'État sait très bien que ces quartiers sont le plus souvent habités par des minorités ethniques. Ne pouvant pas les aider légalement en raison de leur origine, l'État les aide en raison de leur pauvreté. Une telle démarche est mieux acceptée en France, même si elle est un peu hypocrite. [...]

(D'après écoute, juin 2005, www.ecoute.de)

Aufgaben

I Compréhension

1. Pourquoi certaines personnes sont-elles en faveur de la discrimination positive?
2. Décrivez cette pratique. En quoi consiste-t-elle?
3. Présentez la position de la France quant aux groupes ethniques et religieux.
4. Quelles sont, selon le texte, les raisons de cette attitude?
5. La discrimination positive est-elle déjà pratiquée en France?
6. Résumez le texte.

II Analyse

1. Que signifie l'expression «très médiatiquement» à la ligne 17? Que laisse-t-elle sous-entendre?
2. Expliquez la phrase «[...] une telle politique pose un problème à droite comme à gauche.» ligne 19/20.
3. Comment l'auteur qualifie-t-il la discrimination positive territoriale? Pourquoi?

III Commentaire personnel

Choisissez un des thèmes suivants:

1. Commentez le titre de l'article.
2. Croyez-vous que la discrimination positive puisse renforcer l'intégration des étrangers?

Lösungsvorschläge

I Compréhension

1. L'intégration des immigrés pose un problème en France. Celui-ci touche tout particulièrement les Français originaires du Maghreb et de l'Afrique noire. Non seulement ils sont souvent sous-qualifiés, mais ils sont aussi victimes du racisme. Certaines personnes, des hommes politiques et des intellectuels, sont d'avis que la discrimination positive pourrait renforcer la cohésion sociale et ainsi régler en partie le problème d'intégration.

2. La discrimination positive vise à promouvoir les minorités ethniques et cela, en leur attribuant plus de droits qu'aux autochtones dans certains domaines, comme pour l'attribution d'un emploi et un accès facilité aux études.

3. Officiellement, la France ne reconnaît pas l'existence de groupes ethniques ou religieux, se définissant elle-même comme étant « une et indivisible ». La religion et l'origine des citoyens n'intéresse personne, sauf eux-mêmes. L'appartenance religieuse n'apparaît sur aucun document officiel.

4. Cette conception remonte à la Révolution française. On voulait alors mieux intégrer les Juifs et les protestants, qui à l'époque étaient souvent victimes de persécutions. Depuis, à cause du traitement fait aux Juifs pendant la seconde guerre mondiale et du passé colonialiste de la France, le mot race est devenu tabou.

5. Bien que la discrimination positive se heurte aux conceptions républicaines de la nationalité, cette pratique est déjà courante dans certains domaines. En effet, des quotas ont été mis en place pour encourager l'embauche d'handicapés dans les entreprises ou la représentation des femmes sur la scène politique. De plus, les régions les plus défavorisées de France, reçoivent différents soutiens financiers. Quand on sait que les banlieues composent en grande partie ces zones défavorisées et que celles-ci sont habitées en grand

nombre par des minorités ethniques, on peut dire qu'il s'agit là d'une forme indirecte de discrimination positive.

Résumé

6. Souhaitant mieux intégrer les Français d'origine étrangère, certains proposent d'adopter la discrimination positive.

Le principe: faciliter la promotion sociale en octroyant dans certains domaines plus de droits aux minorités ethniques qu'aux autochtones.

Cette pratique est contraire à l'idéologie républicaine qui ne reconnaît pas de minorités ethniques ou religieuses.

Cette attitude s'explique par des faits historiques: la persécution des Juifs et des protestants, la déportation des Juifs et la colonisation ont fait du concept de race un tabou.

Néanmoins, la discrimination positive est pratiquée indirectement sous formes de quotas favorisant l'embauche des handicapés et la représentation des femmes en politique. De plus, certaines zones défavorisées, habitées en grande partie par des minorités ethniques, reçoivent des soutiens financiers.

II Analyse

1. «Très médiatiquement» signifie avec beaucoup d'attention de la part des médias. L'auteur suggère que toute cette médiatisation était voulue et même orchestrée par le gouvernement dans le but de se donner une bonne image. Il laisse planer un doute sur les vrais motifs de ces nominations. Sont-elles vraiment le reflet des convictions du gouvernement en place ou une stratégie de relations publiques visant à faire grimper les cotes de popularité?

Anmerkung: Selbst wenn Sie das Wort „médiatiquement" nicht kennen, können Sie es entschlüsseln, da Sie „média" kennen. Das Suffix „-ment" sagt Ihnen, dass es sich um ein Adverb handelt.

2. Traditionnellement, la droite est plutôt favorable à un contrôle de l'immigration. On peut donc comprendre que celle-ci s'oppose à la discrimination positive qui accorderait plus de droits aux Français d'origine étrangères qu'aux Français dits de souche. Quant à la gauche, on pourrait s'attendre à ce qu'elle soit favorable à cette pratique, vu son ouverture d'esprit sur la question de l'immigration. Cependant, la gauche voit la discrimination positive comme une entrave aux principes républicains qui rendent tous les citoyens égaux dans une France « une et indivisible ».

Anmerkung: Hier ist nicht einfach links und rechts als Richtungsangabe gemeint, sondern die Linke und die Rechte als politische Richtung. Ihr Wissen in Landeskunde sagt Ihnen, dass die beiden verschiedene Einstellungen zur Immigration vertreten. Die Linke ist eher tolerant, die Rechte ist für eine strengere Kontrolle.

3. L'auteur estime cette pratique hypocrite, car d'un côté la République ne reconnaît pas les minorités ethniques et religieuses, mais de l'autre, elle pose des gestes qui visent clairement à favoriser ces groupes. Elle soutient par exemple financièrement certaines régions défavorisées tout en sachant que beaucoup d'étrangers ou de Français d'origine étrangère y vivent. Officiellement elle rejette donc cette pratique pour assurer l'égalité de tous les citoyens, officieusement cependant accorde plus de droits à certains.

Anmerkung: Der Autor bezeichnet diese Einstellung als „hypocrite" (heuchlerisch). Der Staat kennt offiziell keine Minderheiten, weder ethnische noch religiöse. Indem er aber gewisse Regionen oder Bezirke bezuschusst, bevorzugt er solche Gruppen indirekt.

III Commentaire personnel

Analyse der Frage: Croyez-vous que la discrimination positive puisse renforcer l'intégration des étrangers?
Der Gegenstand *(l'objet)*: la discrimination positive
Die Absicht *(l'intention)*: l'intégration des étrangers
Verbindungswörter: puisse renforcer

Die Gliederung:

introduction: présentation de la situation actuelle

thèse adverse: la discrimination positive renforce la cohésion sociale: meilleures chances ⇒ meilleure visibilité ⇒ meilleure image ⇒ disparition des clichés ⇒ moins de racisme

réfutation: injustice face aux «autochtones» ⇒ renforcement des sentiments racistes

thèse personnelle: non pas les origines, mais les qualifications doivent être décisives; à qualifications égales, application d'un quota en faveur de certains groupes; sinon, risque d'un nivellement par le bas.

conclusion: la discrimination positive n'est pas toujours positive. Il faut respecter le principe: chances égales à qualifications égales.

Aufsatz

Les statistiques le prouvent: les Français originaires du Maghreb et de l'Afrique noire ont du mal à s'intégrer. Ils sont plus souvent touchés par le chômage et sont souvent victimes du racisme. Pour remédier à la situation, certains proposent d'adopter la discrimination positive. Or, il se pose la question de savoir si cette pratique peut vraiment renforcer l'intégration des étrangers.

D'une part, en favorisant par exemple l'embauche de personnes issues de certains groupes ethniques ou religieux, on leur procure une meilleure visibilité publique. Les voyant occuper différents postes, la population pourra s'en faire une image plus positive, contribuant ainsi à faire tranquillement disparaître les clichés. Il en résulte un recul des sentiments xénophobes.

En revanche, la discrimination positive peut-être ressentie comme une injustice envers les Français dits de souche. Certains reprochent déjà aux étrangers d'être responsables du taux élevé de chômage. La discrimination positive serait pour eux comme jeter de l'huile sur le feu. Si on augmente artificiellement leur représentation dans le monde du travail, certains chômeurs «français» pourraient se sentir discriminés. Au lieu de contribuer à la cohésion sociale, on augmenterait les tensions. On pourrait donc s'attendre à la montée de certains partis politiques comme le FN.

Par ailleurs, le facteur décisif, que ce soit pour un emploi ou pour une admission dans une grande école, devrait toujours rester la qualification du candidat. Avant de regarder si celui-ci est maghrébin ou musulman, on devrait étudier son curriculum vitae. Les candidats ne devraient donc être jugés et comparés que sur la base de leurs connaissances et de leur expérience. Ceci dit, je ne suis pas opposé(e) à l'idée de quotas favorisant la représentation de certains groupes, mais à une seule condition: le principe «chances égales à conditions égales» devrait être respecté et cela, afin d'éviter un éventuel nivellement par le bas.

On voit par ce qui précède que la discrimination positive est une arme à double tranchant. Appliquée au pied de la lettre, elle risque de renforcer non pas la cohésion sociale, mais la montée du racisme. A mon avis, la discrimination positive indirecte, c'est-à-dire l'instauration de quotas, est cependant envisageable si on respecte le principe: chances égales à qualifications égales. Malgré tout, ne devrait-on pas chercher d'autres voies pour renforcer l'intégration de tous les citoyens?

5.2 Beispiel 2: literarischer Text

Plus rien
Il ne reste que quelques minutes à ma vie
Tout au plus quelques heures, je sens que je faiblis
Mon frère est mort hier au milieu du désert
Je suis maintenant le dernier humain de la terre
On m'a décrit jadis, quand j'étais un enfant
Ce qu'avait l'air le monde il y a très très longtemps
Quand vivaient les parents de mon arrière grand-père
Et qu'il tombait encore de la neige en hiver
En ces temps on vivait au rythme des saisons
Et la fin des étés apportait la moisson*
Une eau pure et limpide coulait dans les ruisseaux
Où venaient s'abreuver* chevreuils* et orignaux*
Mais moi je n'ai vu qu'une planète désolante
Paysages lunaires et chaleur suffocante
Et tous mes amis mourir par la soif et la faim
Comme tombent les mouches...
Jusqu'à ce qu'il n'y ait plus rien...
Plus rien...
Plus rien...
Il ne reste que quelques minutes à ma vie
Tout au plus quelques heures, je sens que je faiblis
Mon frère est mort hier au milieu du désert
Je suis maintenant le dernier humain de la terre
Tout ça a commencé il y a quelques années
Alors que mes ancêtres étaient obnubilés*
Par des bouts de papier que l'on appelait argent
Qui rendaient certains hommes vraiment riches et puissants
Et ces nouveaux dieux ne reculant devant rien
Étaient prêts à tout pour arriver à leur fins
Pour s'enrichir encore ils ont rasé la terre
Pollué l'air ambiant et tari* les rivières
Mais au bout de cent ans des gens se sont levés
Et les ont avertis qu'il fallait tout stopper
Mais ils n'ont pas compris cette sage prophétie
Ces gens-là ne parlaient qu'en termes de profits
C'est des années plus tard qu'ils ont vu le non-sens
Dans la panique ont déclaré l'état d'urgence
Quand tous les océans ont englouti les îles

Et que les inondations ont frappé les grandes villes
Et par la suite pendant toute une décennie
Ce fut les ouragans et puis les incendies
Les tremblements de terre et la grande sécheresse
Partout sur les visages on lisait la détresse
Les gens ont dû se battre contre les pandémies
Décimés par millions par d'atroces maladies
Puis les autres sont morts par la soif ou la faim
Comme tombent les mouches…
Jusqu'à ce qu'il n'y ait plus rien
Plus rien…
Plus rien…
Mon frère est mort hier au milieu du désert
Je suis maintenant le dernier humain de la terre
Au fond l'intelligence qu'on nous avait donnée
N'aura été qu'un beau cadeau empoisonné
Car il ne reste que quelques minutes à la vie
Tout au plus quelques heures, je sens que je faiblis
Je ne peux plus marcher, j'ai peine à respirer
Adieu l'humanité…
Adieu l'humanité…

(Les Cowboys fringants, tiré de l'album « La grand-messe », les disques La Tribu)

Worterklärung*:

la moisson: die Ernte
s'abreuver: trinken (sagt man von Tieren)
un chevreuil: ein Reh
un orignal: ein Elch
être obnubilé: von etwas besessen sein
tari (*p.p.* de tarir): etwas erschöpfen, austrocknen

Aufgaben

I Compréhension

1. Exposez brièvement les problèmes dont il est question dans la chanson.
2. Quelles sont, selon le texte, les causes de ces problèmes?

II Analyse

1. Faites le portrait du personnage de la chanson.
2. De qui le narrateur parle-t-il quand il évoque son «frère» ou «ses amis»?
3. Expliquez la signification du terme «paysages lunaires».
4. Pourquoi compare-t-il les gens qui meurent à des mouches?
5. Quelle figure de style emploie-t-il pour parler de l'argent?
6. Pourquoi compare-t-il les hommes riches à des dieux?
7. Par quel procédé l'auteur évoque-t-il le vide laissé par la disparition du dernier homme?
8. Qui sont ces gens qui «se sont levés» à la ligne 33? Qui sont «ces gens-là» à la ligne 36?
9. Expliquez les lignes 54 et 55.
10. Aux lignes 2 et 21, le narrateur dit: «Il ne reste que quelques minutes à *ma* vie». A la ligne 56 toutefois, il dit: «Car il ne reste que quelques minutes à *la* vie». Expliquez ce changement dans l'emploi du déterminant.

III Commentaire personnel

Choisissez un des thèmes suivants.

1. Croyez-vous que la vision présentée dans la chanson soit réaliste? Expliquez.
2. A votre avis, qui est responsable de l'état de notre planète?

Lösungsvorschläge

I Compréhension

1. La chanson présente une vision apocalyptique de l'état de la planète. Elle aborde des thèmes qui ont tous trait à l'environnement. Il est question de changements climatiques « ... il tombait encore de la neige en hiver .../on vivait encore au rythme des saisons .../la fin de l'été apportait la moisson ... » et plus précisément du réchauffement de la planète « chaleur suffocante/mourir par la soif/ le désert/la grande sécheresse ». On évoque aussi le gaspillage des ressources naturelles, comme les forêts « ... ils ont rasé la terre ... » et l'eau « ... et tari les rivières » et la pollution de l'air « ... Pollué l'air ambiant ». Le texte évoque aussi les conséquences que ces problèmes ont eu sur l'humanité comme les intempéries « inondations, ouragans » les catastrophes naturelles « incendies, tremblements de terre et grande sécheresse, la soif et la faim », les maladies « pandémies » et finalement la mort « ... décimés par millions .../ ... tombent comme des mouches ... ».

2. L'appât du gain est vu ici comme la principale cause de tous ces problèmes. Les lignes 25 à 33 nous révèlent que tout a changé le jour où les hommes « mes ancêtres » se sont rendu compte qu'ils pouvaient tirer profit des richesses naturelles qui les entourent « ... obnubilés par ... l'argent ... » leur donnant une certaine forme de pouvoir « riches et puissants ». La fin justifiant les moyens « Etaient prêts à tout pour arriver à leurs fins », ils ont épuisé toutes les richesses « ... ils ont rasé la terre ... et tari les rivières ».

II Analyse

1. Le personnage, dont on ne connaît pas l'identité est à la fois narrateur-personnage « ... je sens que je faiblis ... » et narrateur omniscient « Mais au bout de cent ans des gens se sont levés ». Il se décrit comme le seul survivant de la race humaine « le dernier humain de la terre ». Il voit la fin de ses jours arriver « Il ne reste que quelques

minutes à ma vie». Il dépeint une vision très sombre de l'état actuel de la planète «Mais moi je n'ai vu qu'une planète désolante».

2. Ce sont les autres êtres humains qui ont connu le même sort que lui et desquels il se sent solidaire.

3. Il s'agit ici d'une comparaison. La sécheresse et le déboisement ayant laissé la terre dénudée de toute végétation, elle ressemble maintenant aux paysages que l'on retrouve sur la lune.

4. En comparant les gens à des mouches, le narrateur réduit l'espèce humaine à quelque chose d'insignifiant, sans aucune valeur. Il suggère que cela pourrait être l'attitude de ces hommes puissants qui «… ne reculent devant rien …», qui ne se soucient pas du sort de l'humanité.

5. Le narrateur utilise une fois de plus la comparaison quand il dit «… des bouts de papier que l'on appelait l'argent». Cette fois-ci, c'est sa vision qu'il présente. Il réduit l'argent à quelque chose de peu de valeur, qui ne mérite que d'être jeté. Il laisse sous-entendre que l'argent est trop valorisé dans notre société.

6. Il compare les hommes riches à des dieux parce que ceux qui ont beaucoup d'argent détiennent aussi le pouvoir. Ils exercent une grande influence et leurs décisions ont un impact sur l'ensemble de l'humanité.

7. La répétition de «Plus rien …» aux lignes 19/20 et 50/51 résonne comme un écho dans un endroit vaste et abandonné.

8. Il fait référence ici aux écologistes qui ont cherché à prévenir des dangers qui menaçaient l'environnement. Les autres sont les riches industriels, les détenteurs du pouvoir qui préféraient veiller à leurs propres intérêts.

9. Ce qui devait distinguer la race humaine de la race animale, l'intelligence, causera sa chute. L'homme a su, grâce à son intelligence, contrôler l'environnement et tirer profit des ressources naturelles. Aveuglé par le profit, il ne s'est pas apperçu qu'il détruisait

lui-même la source de ses richesses et qu'il devenait victime de son avarice.

10. L'emploi du déterminant possessif aux lignes 2 et 21 laisse supposer qu'il s'agit effectivement de l'histoire d'une seule et unique personne. En changeant le possessif pour l'article défini à la ligne 56, il fait de son histoire l'histoire de toute l'humanité lançant ainsi un appel au lecteur.

III Commentaire personnel

Analyse der Frage: A votre avis, qui est responsable de l'état de notre planète?
Der Gegenstand *(l'objet)*: l'état de notre planète
Die Absicht *(l'intention)*: est responsable
Verbindungswörter: qui

Die Gliederung:

Introduction: Présentation de certains faits: les catastrophes naturelles se multiplient + les ressources naturelles s'épuisent + des populations entières meurent de soif et de faim.
Thèse: L'industrialisation, l'appât du gain, et l'orgueil de certains chefs d'Etat sont responsables de la déterioration de notre environnement.
Antithèse: M. Toutlemonde a aussi sa part de responsabilité. Il ne veut renoncer à rien, n'est pas prêt à changer son mode de vie confortable.
Synthèse: L'egoïsme des pays industrialisés est encouragé par nos gouvernements. Ceux-ci interviennent trop peu sur le plan législatif, de crainte de ne déplaire à l'électorat.
Conclusion: Il y a plus d'un responsable.

Aufsatz

Il ne se passe pas de semaine sans que l'on entende parler de sécheresses qui laissent des populations entières sans eau potable, de l'épuisement de nos ressources naturelles et de la pollution de l'air ambiant dans nos grandes villes. L'environnement se porte plutôt mal. On doit dès lors se poser la question suivante: « Qui est responsable de l'état lamentable de la planète? »

Dans un premier temps, l'industrialisation est pour plusieurs la principale responsable de la dégradation de notre environnement. Les grandes industries sont aujourd'hui sans contredit les plus grands pollueurs. Des études le prouvent: l'émission de gaz à effet de serre est responsable de la pollution de l'air et serait donc une des causes principales du réchauffement de la planète. Pourquoi alors ne pas produire moins ou différemment? Les enjeux économiques sont trop importants et l'appât du gain des dirigeants des multinationales beaucoup trop grand. Mondialisation oblige, il faut produire encore plus et plus vite, si on veut rester compétitif dans cette jungle que représente le commerce international.

Par ailleurs, si les grandes entreprises cherchent à produire toujours davantage, c'est qu'il y a une demande. Et cette demande vient de M. Toutlemonde. Victime de la société de consommation, celui-ci n'est pas fin prêt à renoncer au confort de son style de vie. Des sondages ont révélé que, bien que les gens soient dans l'ensemble favorables à la protection de l'environnement, ils sont plutôt réservés quant aux concessions qu'ils seraient prêts à faire pour y contribuer. Il est tellement plus simple de sauter dans sa voiture pour aller au club vidéo que de prendre son vélo! Choqués par le déboisement des forêts canadiennes? Evidemment, mais le papier blanc est tellement plus beau que celui recyclé!

Enfin, le rôle de nos gouvernements ne doit pas être négligé. Certes, l'appât du gain des entreprises et la complaisance de la société ont une grande part de responsabilité, mais nos dirigeants ne sont-ils pas complices dans tout cela? Pourquoi sont-ils si timides dans leur législation? Ne pourraient-ils pas faire plus? Sans aucun doute, mais de crainte de perdre des investissements si importants pour la vitalité de l'économie, on privilégie une approche douce et rassurante. Les enjeux sont trop grands! Une réglementation plus stricte pourrait avoir un impact sur la productivité donc sur le marché du travail, et par conséquent, sur le chômage. Et il y a les élections qui approchent!

Somme toute, on ne peut rejeter le blâme sur une seule personne. En tant que consommateur, je suis tout aussi responsable que le chef d'entreprise qui recherche le profit à tout prix et que le dirigeant politique qui n'ose pas sévir de peur de perdre investisseurs et électeurs. Or, pour ceux qui souffrent le plus de l'état lamentable de notre planète, c'est une bien faible consolation.

Übersetzung

1 Wie gehe ich an eine Übersetzung heran?

Allgemeine Tipps: Bevor Sie schreiben …

- Lesen Sie zuerst den ganzen Text einmal richig durch und lassen Sie sich dabei nicht von unklaren Stellen verwirren. Sie wollen einen allgemeinen Eindruck vom Text gewinnen. Sie wollen wissen, wovon der Text handelt.

- Merken Sie sich allgemeine und deutliche Eigenschaften des Textes.
  - Handelt es sich um eine Erzählung, eine Beschreibung oder um ein Essay?
  - Wie ist die Erzählweise? In der ersten oder in der dritten Person?
  - Welches Tempus wird verwendet? Présent oder Passé?
  - Wie ist der Text strukturiert?

- Lesen Sie jetzt den Text ein zweites Mal durch.
  - Suchen Sie detaillierte Informationen wie z. B. die logischen Verknüpfungen.
  - Entschlüsseln Sie den Wortschatz. Keine Panik, wenn Sie ein Wort nicht kennen. Benutzen Sie die Techniken aus dem → Kapitel *Vocabulaire*, um die Bedeutung von unbekannten Wörtern zu verstehen. Denken Sie daran, dass manche Wörter am Ende des Textes bereits übersetzt worden sind.
  - Stellen Sie die Satzstrukturen fest. Grenzen Sie die Sätze ein und suchen Sie die Bezugswörter von Relativ- und Personalpronomen.

- Schreiben Sie Ihre Notizen, Bemerkungen und Ideen auf ein extra Blatt Papier. Schreiben Sie so wenig wie möglich auf die Vorlage, da sonst die Gefahr besteht, dass wichtige Informationen dabei verloren gehen, wie z. B. ein Komma oder eine Endung.

- Der Titel des Textes, falls er einen hat, kann Ihnen vielleicht zu Hilfe kommen. Er gibt eventuell Auskunft darüber, in welchem Kontext oder in welcher Perspektive der Text geschrieben wurde.

- Vergleichen Sie den Anfang mit dem Ende des Textes um zu sehen, wie sich der Text entwickelt.

Jetzt können Sie anfangen zu schreiben ...

- Es wird von Ihnen nicht erwartet, dass Sie den französichen Text Wort für Wort ins Deutsche übersetzen, sondern dass Sie einen deutschen Text schreiben, der die Bedeutung des Originals überträgt.
- Bleiben Sie nicht bei dem Muster: französisches Substantiv = deutsches Substantiv usw. Das bedeutet, dass Sie idiomatische Wendungen nicht wortwörtlich übersetzen sollten, sondern eine ähnliche deutsche Wendung suchen, oder dass Sie eventuell ein Verb durch ein Substantiv oder ein Adverb wiedergeben müssen.
- Denken Sie daran, dass es manchmal sinnvoll ist, aus einem langen Satz zwei Sätze zu machen. Vergessen Sie dabei aber nicht die logische Verknüpfung!

Wenn Sie fertig sind ...

- Lesen Sie Ihre Übersetzung ein erstes Mal durch und vergleichen Sie sie dabei mit dem Ausgangstext um sicher zu gehen, dass Sie keine Stelle oder keinen Satz übersehen haben.
- Jetzt legen Sie das Original auf die Seite und lesen Sie nur den übersetzten Text. Haben sie die Hauptgedanken des französischen Textes wiedergegeben? Klingt Ihr Text deutsch?
- Lesen Sie Ihre Version ein letztes Mal durch. Kontrollieren Sie, dass Sie keine Leichtsinnsfehler gemacht haben: Rechtschreibung, Konjugationen, Deklinationen.

2 Übersetzung französisch-deutsch: einige Schwerpunkte

In diesem Abschnitt finden Sie einige Punkte, die man bei der Übersetzung französischer Texte ins Deutsche beachten sollte.

Die Hervorhebung

Wenn man im Französischen etwas hervorheben möchte, verwendet man die *mise en relief* mit *C'est/Ce sont … qui/que …* Diese Konstruktion wird im Deutschen meistens nicht übersetzt:

- *C'est elle qui a pris ton crayon. – Sie hat deinen Bleistift genommen.*

Die indirekte Rede

In der indirekten Rede verwendet man im Französischen den Indikativ im Deutschen aber den Konjunktiv:

- *Marie a dit que Pierre est malade.*
  Marie hat gesagt, Pierre sei krank.

Wenn das einleitende Verb in der Vergangenheit ist, verschieben sich die anderen Tempora. Mehr dazu im Kapitel →Grammaire, Seite 87.

- *Ils ont dit qu'ils arriveraient demain et qu'ils repartiraient dimanche. – Sie haben gesagt, sie würden morgen ankommen und am Sonntag abreisen (dass sie morgen ankommen und am Sonntag abreisen würden).*

Obwohl im Französischen das *que* immer dabei ist, kann *dass* im Deutschen weggelassen werden.

Die Nominalgruppe

Die französischen Substantive sind oft abstrakter und allgemeiner als die deutschen Substantive. Während im Französischen ein Begriff oft mit einer Nominalgruppe paraphrasiert wird, reicht im Deutschen ein zusammengesetzes Wort:

- *des maisons jumelées – ein Doppelhaus*
- *un verre à vin – ein Weinglas*

Eine französische Nominalgruppe mit *complément du nom* wird im

Deutschen oft mit einem Genitiv übersetzt:

- *La maison de Dürer – Dürers Haus*

Der Artikel

Das Deutsche kennt keinen unbestimmten Artikel im Plural, keinen *Partitif* und kein partitives *en*. Diese werden also mit einem „Null-Artikel" übersetzt:

- *Donnez-moi des cigarettes, s.v.p. – Geben Sie mir bitte Zigaretten.*
- *Aimeriez-vous du vin? – Hätten Sie gern (etwas) Wein?*
- *Tu as des sœurs? Oui, j'en ai trois./Non, je n'en ai pas.*
  Hast du Schwestern? Ja, ich habe drei./Nein, ich habe keine.

Nicht übersetzt wird auch der bestimmte Artikel wenn er, zusammen mit dem Nomen, eine „Gattung", einen Stoffnamen oder etwas Abstraktes bezeichnet:

- *Les enfants ont beaucoup d'imagination.*
  Kinder haben viel Fantasie.
- *La bière fait grossir. – Bier macht dick.*

Alter

Im Französischen erfolgt die Altersangabe mit der Phrase *âgé de ...* und wird im Deutschen durch das Adjektiv *-jährig* wiedergegeben.

- *Un homme âgé de 25 ans. – Ein 25-jähriger Mann.*

Die Phrase *à l'âge de ...* wird durch die Präposition *mit* übersetzt.

- *Il a terminé ses études à (l'âge de) 25 ans.*
  Mit fünfundzwanzig hat er sein Studium beendet.

Das Aussehen

Das Aussehen einer Person wird im Französsichen unter anderem mithilfe der Präposition *à* beschrieben. Im Deutschen verwendet man dafür die Präposition mit oder ein Adjektiv.

- *Un enfant aux yeux bleus et aux cheveux blonds. – Ein Kind mit blauen Augen und blonden Haaren/Ein blauäugiges, blondes Kind.*
- *Tu as vu l'homme aux lunettes noires là-bas? – Hast du den Mann mit der schwarzen Brille da drüben gesehen?*

si-Konstruktionen

Bei den *si*-Konstruktionen muss man auf die Zeiten achten.

- *Si j'avais le temps, j'irais avec toi.*
  Wenn ich Zeit hätte, würde ich mitgehen.
- *Si j'avais eu le temps, je serais allé avec toi.*
  Wenn ich Zeit gehabt hätte, wäre ich mitgegangen.

Neben der hypothetischen Bedeutung gibt es eine andere Bedeutung von *si* und zwar eine konzessive.

- *Si cet élève est très intelligent, il n'est pas très travailleur.*
  Dieser Schüler ist zwar sehr intelligent, er ist dafür ***aber*** *nicht sehr fleißig.*

Der Relativsatz

Im Französischen steht nicht automatisch vor dem Relativsatz ein Komma. Man muss unterscheiden, ob der Relativsatz restriktiv oder explikativ ist.

- *Les enfants qui ne pratiquent aucun sport souffrent d'embonpoint. – Kinder, die keinen Sport treiben sind übergewichtig.* (restriktiv = alle Kinder, die keinen Sport treiben sind übergewichtig)
- *Ces enfants, qui ne pratiquent aucun sport, souffrent d'embonpoint. – Diese Kinder, die übrigens keinen Sport treiben, sind übergewichtig.* (explikatif: diese Kinder sind übergewichtig; dass sie keinen Sport treiben, ist nur eine zusätzliche Information)

Ein *Subjonctif* kann im Relativsatz stehen, wenn dieser einen Superlativ ausdrückt. Im Deutschen steht dafür ganz normal der Indikativ.

- *C'est la meilleure actrice que j'aie jamais vue.*
  Sie ist die beste Schauspielerin, die ich je gesehen habe.

Infinitiv-Konstruktion

Die französische Infinitiv-Konstruktion ohne Subjekt wird im Deutschen meist mit einem Subjekt übersetzt.

- *Après avoir fini de lire le journal, il partit.*
  Nachdem er die Zeitung fertig gelesen hatte, ging er.

-ant-Formen

Das *Gérondif* wird meist durch einen Adverbialsatz wiedergegeben.

- **Ausdruck der Art und Weise:**
  - *En travaillant plus, vous réussirez.*
    ***Wenn** Sie mehr arbeiten, werden Sie es schaffen.*
    *Sie werden es schaffen, **indem** Sie mehr arbeiten.*
- **Ausdruck der Gleichzeitigkeit:**
  - *En sortant du lycée, j'ai vu mon ami.*
    ***Als** ich das Gymnsaium verließ, sah ich meinen Freund.*

Das *Participe présent* entspricht im Deutschen meist einem Relativsatz.

- *Les enfants jouant d'un instrument de musique réussissent mieux à l'école. – Kinder, **die** ein Musikinstrument spielen ...*
- *J'ai vu un homme suspect sortant de la banque. – Ich habe einen verdächtigen Mann gesehen, **der** aus der Bank herauskam.*

Ein Relativsatz kann aber auch, wenn er am Satzanfang steht, eine kausale Bedeutung haben. Er wird dann mit *da* eingeleitet.

- *Souffrant d'une pneumonie, mon fils devra s'absenter de l'école pendant deux semaines.*
  ***Da** er an einer Lungenentzündung leidet, ...*

Aktive Konstruktion mit *on*

Die aktive Konstruktion mit *on* wird oft mit einer passiven Konstruktion übersetzt.

- *On reproche au candidat d'avoir reçu de l'argent de la mafia.*
  *Dem Kandidaten **wird** vorgeworfen, Geld von der Mafia bekommen zu haben.*

- *Ce fut une soirée magnifique. On a ri, chanté et dansé.*
  *Es war ein wunderschöner Abend. Es **wurde** gelacht, gesungen und getanzt.*

Verbaler Aspekt

Da das deutsche Verbsystem den verbalen Aspekt nicht kennt, muss diese Opposition mit anderen Mitteln ausgedrückt werden.

- **Andauerndes Geschehen:**
  - *Lorsqu'il arriva, elle pleurait.*
    *Als er ankam, weinte sie **vor sich hin**.*
- **Plötzlich eintretendes Geschehen:**
  - *Lorsqu'il arriva, elle pleura.*
    *Als er ankam, **fing sie an** zu weinen/brach sie in Tränen aus.*
- **Gewohnheit:**
  - *Enfant, elle passait des heures à lire seule dans sa chambre.*
    *Als Kind **pflegte** sie stundenlang allein in ihrem Zimmer zu lesen.*

Checkliste Übersetzung

- ☐ Zuerst den Text ganz durchlesen.
- ☐ Dann wichtige Informationen und Schlüsselwörter unterstreichen.
- ☐ Nichts auf die Vorlage schreiben: Notizen auf ein extra Blatt.
- ☐ Überschrift nicht vergessen.
- ☐ Überprüfen Sie, ob schwierige Wörter bereits übersetzt sind.
- ☐ Übersetzen Sie nicht wortwörtlich, sondern sinngemäß.
- ☐ Lassen Sie sich genug Zeit um Ihre Übersetzung durchzulesen.

3 Beispieltexte und Musterübersetzungen

3.1 Beispiel 1

Le père de Kirchner était enseignant et ne voulait pas que sont fils fasse des études d'art. Mais le jeune homme s'intéressait à la peinture aussi bien qu'à la sculpture. Il avait découvert Dürer à l'âge de dix-huit ans et en conséquence décidé de se consacrer à l'art. Ni son père ni sa mère n'étaient d'accord avec cette décision. Il poursuivit ensuite, à partir de 1905, des études d'architecture à Dresde. En effet, Dresde était alors l'une des plus importantes métropoles artistiques d'Europe. Aucune autre ville allemande ou presque, pas même Berlin, ne joua un rôle aussi décisif pour la jeune génération d'artistes. Pourtant, la grande ville attirait les jeunes peintres, sinon en raison de ses académies des beaux arts, du moins en raison de l'atmosphère particulière qui y régnait. C'est pourquoi aussi bien Kirchner que Heckel et Schmidt-Rottluff vinrent s'installer à Berlin à l'automne 1911. Quel choc culturel! En effet, il régnait dans la métropole trépidante un autre esprit que dans la paisible Dresde. Pechstein essaya en vain de maintenir l'unité du groupe. Mais aucun n'évolua de la même manière que les autres membres du groupe « Die Brücke ». Kirchner lui aussi réagit autrement que ses amis à cette expérience nouvelle. Berlin était une ville fascinante: nulle part ailleurs la vie n'était aussi agitée, nulle part le nombre des marginaux aussi élevé. La peinture de Kirchner est certes devenue plus dynamique, mais surtout plus profonde. Les scènes de rue représentent le sommet de sa production berlinoise.

Valérie LeVot-Wenzel, 1997

Übersetzungsvorschlag (satzweise)

Le père de Kirchner était enseignant et ne voulait pas que sont fils fasse des études d'art.

Übersetzungsvorschlag: *Kirchners Vater war Lehrer und wollte nicht, dass sein Sohn Kunst studiert.*

Anmerkungen:

- Nominalgruppe: *Le père de Kirchner* – Genitiv: *Kirchners Vater*
- Subjonctif nach einem Verb des Willens: *ne voulait pas que … fasse* – Indikativ

Übersetzung

Mais le jeune homme s'intéressait à la peinture aussi bien qu'à la sculpture. Il avait découvert Dürer à l'âge de dix-huit ans et en conséquence décidé de se consacrer à l'art. Ni son père ni sa mère n'étaient d'accord avec cette décision.

Übersetzungsvorschlag: *Doch der junge Mann liebte sowohl die Malerei als auch die Bildhauerei. Mit 18 Jahren hatte er Dürer entdeckt und infolgedessen beschlossen, sich der Kunst zu widmen. Weder sein Vater noch seine Mutter waren mit dieser Entscheidung einverstanden.*

Anmerkungen:

- Konzession: *aussi bien qu'... – sowohl ... als auch*
- Altersangabe: *à l'âge de dix-huit ans – Mit 18 Jahren*
- Verneinung: *ni ... ni – weder ... noch*

Il poursuivit ensuite, à partir de 1905, des études d'architecture à Dresde. En effet, Dresde était alors l'une des plus importantes métropoles artistiques d'Europe.

Übersetzungsvorschlag: *Er studierte dann ab 1905 Architektur in Dresden. Damals war Dresden nämlich eine der wichtigsten Kunstmetropolen Europas.*

Anmerkungen:

- *poursuivit des études d'architecture – studierte Kunst*
- Erläuterung: *en effet – nämlich*
- Nominalgruppe: *métropoles artistiques d'Europe* – Kompositum + Genitiv: *Kunstmetropolen Europas*

Aucune autre ville allemande ou presque, pas même Berlin, ne joua un rôle aussi décisif pour la jeune génération d'artistes.

Übersetzungsvorschlag: *Kaum eine andere deutsche Stadt, nicht einmal Berlin, spielte eine so entscheidende Rolle für die jüngere Künstlergeneration.*

Anmerkungen:

- Verneinung: *aucune ... ou presque* – Adverb *kaum*
- Verneinung: *pas même – nicht einmal*
- Nominalgruppe: *génération d'artistes – Künstlergeneration*

Pourtant, la grande ville attirait les jeunes peintres, sinon en raison de ses académies des beaux arts, du moins en raison de l'atmosphère particulière qui y régnait.

Übersetzungsvorschlag: *Dennoch zog die Großstadt die jungen Maler an, wenn auch nicht wegen der dortigen Kunstakademien, so doch wegen der besonderen Atmosphäre, die dort herrschte.*

Anmerkungen:

- Nominalgruppe: *grande ville* – Kompositum: *Großstadt*
- Verneinung: *sinon ... du moins – wenn auch nicht ... so doch*
- Stellung des Adjektivs: *l'atmosphère particulière – der besonderen Atmosphäre*

C'est pourquoi aussi bien Kirchner que Heckel et Schmidt-Rottluff vinrent s'installer à Berlin à l'automne 1911.

Übersetzungsvorschlag: *Deshalb siedelten sowohl Kirchner als auch Heckel und Schmidt-Rottluff im Herbst 1911 nach Berlin über.*

Anmerkungen:

- *aussi bien ... que – sowohl ... als auch*

Quel choc culturel! En effet, il régnait dans la métropole trépidante un autre esprit que dans la paisible Dresde.

Übersetzungsvorschlag: *Was für ein Kulturschock! In der hektischen Millionenstadt herrschte nämlich ein anderer Geist als im ruhigen Dresden.*

Anmerkungen:

- Ausruf: *Quel ... ! – Was für ein ... !*
- Genus von Städten: *la paisible Dresde – im ruhigen Dresden*

Obwohl der Genus von Städten im Französischen nicht festgelegt ist, werden oft Städte mit einer weiblichen Endung z. B. *e* in *Dresde* als weiblich betrachtet. Die Tendenz geht aber in Richtung männlich.

Pechstein essaya en vain de maintenir l'unité du groupe. Mais aucun n'évolua de la même manière que les autres membres du groupe « Die Brücke ». Kirchner lui aussi réagit autrement que ses amis à cette expérience nouvelle.

Übersetzungsvorschlag: *Umsonst versuchte Pechstein, die Einheit der Gruppe aufrechtzuerhalten. Aber keiner entwickelte sich wie die anderen*

Mitglieder der „Brücke". Auch Kirchner reagierte anders als seine Freunde auf dieses neue Erlebnis.

Anmerkungen:

- Adverbialer Ausdruck: *en vain – umsonst*
- Verb: *évoluer* – Reflexives Verb: *sich entwickeln*

Berlin était une ville fascinante: nulle part ailleurs la vie n'était aussi agitée, nulle part le nombre des marginaux aussi élevé. La peinture de Kirchner est certes devenue plus dynamique, mais surtout plus profonde. Les scènes de rue représentent le sommet de sa production berlinoise.

Übersetzungsvorschlag: *Berlin war eine faszinierende Stadt: nirgends war das Leben so hektisch, nirgends die Zahl der Randfiguren so groß.*
Zwar wurde die Malerei Kirchners dynamischer, aber auch tiefsinniger.
Den Höhepunkt seines Berliner Schaffens stellen die Straßenszenen dar.

Anmerkungen:

- Stellung des Adjektivs: *une ville fascinante – eine faszinierende Stadt*
- Verneinung: *nulle part ailleurs – nirgends*
- Aussi + Adjektiv: *aussi agitée – so hektisch*
- Nominalgruppe: *la peinture de Kirchner – Kirchners Malerei*
- Nominalgruppe: *le sommet de sa production berlinoise* – Genitiv: *der Höhepunkt seines Berliner Schaffens*

3.2 Beispiel 2

Je suis malade

Je me sentais très bien hier, la preuve, j'ai mangé des tas de caramels, de bonbons, de gâteaux, de frites et de glaces, et, dans la nuit, je me demande pourquoi, comme ça, j'ai été très malade.

Le docteur est venu ce matin. Quand il est entré dans ma chambre, j'ai pleuré, mais plus par habitude que pour autre chose, parce que je le connais bien le docteur, et il est rudement gentil. Et puis, ça me plaît quand il met la tête sur ma poitrine, parce qu'il est tout chauve et je vois son crâne qui brille juste sous mon nez et c'est amusant. Le docteur n'est pas resté très longtemps, il m'a donné une petite tape sur la joue et il a dit à maman: « Mettez-le à la diète et surtout, qu'il reste couché, qu'il se repose. » Et il est parti.

Maman m'a dit: « Tu as entendu ce qu'a dit le docteur. J'espère que tu vas être sage et très obéissant. » Moi, j'ai dit à maman qu'elle pouvait être tranquille. C'est vrai, j'aime beaucoup ma maman et je lui obéis toujours. Il vaut mieux, parce que sinon, ça fait des histoires. [...]

René Goscinny Le petit Nicolas (1960)

Übersetzungsvorschlag (satzweise)

Je me sentais très bien hier, la preuve, j'ai mangé des tas de caramels, de bonbons, de gâteaux, de frites et de glaces, et, dans la nuit, je me demande pourquoi, comme ça, j'ai été très malade.

Übersetzungsvorschlag: *Mir ging es gestern sehr gut, der Beweis dafür: Ich habe einen Haufen Karamellen, Bonbons, Kekse, Pommes und Eis gegessen, und in der Nacht war ich, ich frage mich warum, einfach so sehr krank.*

- Mengenangaben: *des tas de caramels – ein Haufen Karamellen*

Le docteur est venu ce matin. Quand il est entré dans ma chambre, j'ai pleuré, mais plus par habitude que pour autre chose, parce que je le connais bien le docteur, et il est rudement gentil.

Übersetzungsvorschlag: *Der Arzt ist heute vormittag gekommen. Als er in mein Zimmer kam, habe ich geweint, aber mehr aus Gewohnheit als aus einem anderen Grund, weil ich ihn gut kenne, den Arzt, er ist schrecklich nett.*

- Zeitangabe: *ce matin – heute vormittag*

Übersetzung

Et puis, ça me plaît quand il met la tête sur ma poitrine, parce qu'il est tout chauve et je vois son crâne qui brille juste sous mon nez et c'est amusant.

Übersetzungsvorschlag: *Und außerdem gefällt es mir auch, wenn er mir den Kopf auf die Brust legt, weil er ganz kahlköpfig ist, und ich dann sehe, wie sein Schädel genau unter meiner Nase glänzt, und das ist lustig.*

Le docteur n'est pas resté très longtemps, il m'a donné une petite tape sur la joue et il a dit à maman: « Mettez-le à la diète et surtout, qu'il reste couché, qu'il se repose. » Et il est parti.

Übersetzungsvorschlag: *Der Arzt ist nicht lange geblieben, er hat mir einen kleinen Klaps auf die Wange gegeben und hat zu Mama gesagt: „Setzen Sie ihn auf Diät und dass er mir vor allem im Bett bleibt und sich erholt." Und dann ist er gegangen.*

- Aufforderung: *qu'il reste couché … – dass er mir vor allem im Bett bleibt*

Maman m'a dit: « Tu as entendu ce qu'a dit le docteur. J'espère que tu vas être sage et très obéissant. »

Übersetzungsvorschlag: *Mama hat mir gesagt: „Du hast gehört, was der Arzt gesagt hat. Ich hoffe, du bist schön brav und gehorsam."*

- Relativpronomen in Objektfunktion: *ce que – was*

Moi, j'ai dit à maman qu'elle pouvait être tranquille.

Übersetzungsvorschlag: *Ich habe zu Mama gesagt, sie brauche sich keine Sorgen zu machen.*

- Indirekte Rede: *J'ai dit qu'elle pouvait être tranquille – … sie brauche sich keine Sorgen zu machen*

C'est vrai, j'aime beaucoup ma maman et je lui obéis toujours.

Übersetzungsvorschlag: *Es stimmt, ich habe meine Mama sehr lieb und gehorche ihr immer.*

Il vaut mieux, parce que sinon, ça fait des histoires. […]

Übersetzungsvorschlag: *Es ist besser so, weil es sonst Ärger gibt.*

- Fester Ausdruck: *qch. fait des histoires – etwas macht Ärger*

3.3 Beispiel 3

Un roman, pour la plupart des amateurs – et des critiques – c'est avant tout une histoire. Un vrai romancier, c'est celui qui sait « raconter une histoire ». Le bonheur de conter, qui le porte d'un bout à l'autre de son ouvrage, s'identifie à sa vocation d'écrivain. Inventer des péripéties palpitantes, émouvantes, dramatiques, constitue à la fois son allégresse et sa justification.

Aussi, faire la critique d'un roman, cela se ramène souvent à en rapporter l'anecdote, plus ou moins brièvement, selon que l'on dispose de six colonnes ou de deux, en s'étendant plus ou moins sur les passages essentiels: les nœuds et dénouements de l'intrigue. Le jugement porté sur le livre consistera surtout en une appréciation de la cohérence de celle-ci, de son déroulement, de son équilibre, des attentes et des surprises qu'elle ménage au lecteur haletant. Un trou dans le récit, un épisode mal amené, une rupture d'intérêt, un piétinement, seront les défauts majeurs du livre; la vivacité et la rondeur ses plus hautes qualités.

De l'écriture il ne sera jamais question. On louera seulement le romancier de s'exprimer en langage correct, de façon agréable, colorée, évocatrice ... Ainsi l'écriture ne sera plus qu'un moyen, une manière; le fond du roman, sa raison d'être, ce qu'il y a dedans, serait simplement l'histoire qu'il raconte.

Cependant, depuis les gens sérieux (ceux qui admettent que la lecture ne doit pas être une simple distraction) jusqu'aux amateurs des pires niaiseries sentimentales, policières ou exotiques, tout le monde a l'habitude d'exiger de l'anecdote une qualité particulière. Il ne lui suffit pas d'être plaisante, ou extraordinaire, ou captivante; pour avoir son poids de vérité humaine, il lui faut encore réussir à persuader le lecteur que les aventures dont on lui parle sont arrivées vraiment à des personnages réels, et que le romancier se borne à rapporter, à transmettre, des événements dont il a été le témoin. Une convention tacite s'établit entre le lecteur et l'auteur; celui-ci fera semblant de croire à ce qu'il raconte, celui-là oubliera que tout est inventé et feindra d'avoir affaire à un document, à une biographie, à une quelconque histoire vécue.

Alain Robbe-Grillet « Pour un nouveau roman » Editions de Minuit, 1963.

Übersetzungsvorschlag

Für die meisten Liebhaber – und für die meisten Kritiker – ist ein Roman vor allem eine Geschichte. Ein echter Romanschriftsteller ist einer, der „eine Geschichte zu erzählen" weiß. Die Freude am Erzählen, die ihn vom Anfang bis zum Ende seines Werkes trägt, und seine Schriftstellerberufung sind ein und dasselbe. Das Erfinden spannender, rührender, dramatischer Ereignisse ist ihm zugleich Glück und Rechtfertigung.

So beschränkt sich die Kritik eines Romans oft auf die Wiedergabe der Anekdote, die mehr oder weniger ausführlich ausfällt, je nachdem, ob man über sechs oder zwei Spalten verfügt, wobei man auf die wichtigsten Stellen, nämlich Spannungsaufbau und Auflösung der Intrige, mehr oder weniger ausführlich eingeht. Das über das Buch gefällte Urteil wird vor allem in einer Würdigung ihres Zusammenhangs, ihres Ablaufs, ihrer Ausgewogenheit, der Erwartungen und Überraschungen, die sie dem gespannten Leser bereitet, bestehen. Eine Lücke in der Erzählung, eine ungeschickt verkettete Episode, eine Unterbrechung im Interesse, ein Zögern werden die Hauptmängel des Buches sein, die Lebhaftigkeit und die Abrundung seine höchsten Vorzüge.

Vom Stil wird nie die Rede sein. Man wird den Romanschriftsteller nur dafür loben, dass er sich in einer fehlerfreien Sprache, angenehm, farbig und bildhaft audrückt ... So wird der Stil nur noch ein Mittel, eine Eigenart sein; das Wesentliche des Romans, seine Daseinsberechtigung, was darin steckt, wäre bloß die Geschichte, die er erzählt.

Jedoch, von den ernsten Leuten (jenen, die in der Lektüre keine bloße Zerstreuung erblicken wollen) bis hin zu den Liebhabern der schlimmsten Albernheiten der Liebes-, Kriminal-, oder Südseeromane, pflegt jeder von der Anekdote eine besondere Eigenschaft zu fordern. Sie soll nicht nur unterhaltend, oder außergewöhnlich oder fesselnd sein; um lebensecht zu wirken, muss sie dazu noch den Leser davon überzeugen können, dass die Abenteuer, die ihm erzählt werden, von wirklichen Menschen tatsächlich erlebt worden sind, und dass der Romanschriftsteller sich damit begnügt, Begebenheiten, deren Zeuge er gewesen ist wiederzugeben, zu vermitteln. Es entsteht ein stillschweigendes Abkommen zwischen Leser und Schriftsteller: Dieser wird so tun, als würde er an das glauben, was er erzählt, jener wird vergessen, dass alles erfunden ist und so tun, als läse er ein Dokument, eine Lebensgeschichte oder irgendeine wirklich erlebte Geschichte.

Index

Pour en savoir plus ...

- Peut-être avez-vous encore des questions sur **la France**, son histoire, ses institutions, sa population ou sa culture. Il existe deux ouvrages de référence qui paraissent chaque année, présentant des données actuelles sur différentes facettes de l'Hexagone: *L'Etat de la France*, aux éditions La Découverte et *le Quid*, aux éditions Robert Laffont. Si on n'a pas accès à ces ouvrages, on peut s'abonner à une version électronique de l'encyclopédie le Quid: *www.lequid.fr*
- Par ailleurs, le **gouvernement français** a plusieurs portails sur le net offrant de l'information sur **différents sujets**: *www.premier-ministre.gouv.fr* et *www.diplomatie.fr*
- Pour obtenir des statistiques sur différents aspects de la **société française**, on peut consulter le site de *l'INSEE* au *www.insee.fr* A ceux que les chiffres n'intéressent pas, le ministère de la culture propose son site: *www.culture.fr*
- Les mordus de **musique** trouveront leur compte sur le site *www.paroles.net* où ils pourront trouver les paroles de chansons francophones et même en écouter des extraits.
- On peut approfondir ses connaissances sur la **francophonie** à l'aide du site officiel de l'Organisation internationale de la francophonie *www.francophonie.org*, qui est très informatif.
- Finalement, pour s'informer davantage sur le **Québec** on peut cliquer sur le *www.gouv.qc.ca*